キャリア教育に活きる!

仕事ファイル

センパイに聞く

28 ICTの仕事

小学校教諭情報主任
クラウドファンディング
会社広報
オンライン診療営業
スマート農業技術開発
VR動画サービス
プロジェクトマネージャー
サイバーセキュリティエンジニア

小峰書店

小峰書店 編集部 編著

Contents

※この本に掲載している情報は、2021年4月現在のものです。

小学校教諭情報主任

Chief ICT Teacher of Elementary School

千葉大学
教育学部附属小学校
小池翔太さん
入職5年目 31歳

ICTを活用した
新しい授業方法を
研究し、実践しています

子どもたちがICTを活用して学習できるように、小学校でも授業の方法が変わりつつあります。ICTを取り入れた新しい授業の実現を目指し、情報主任として実践と研究を行っている、小学校教諭の小池翔太先生にお話をうかがいました。

用語　※ ICT ⇒ Information and Communication Technology（情報通信技術）の略。
インターネットの通信技術を使った、産業やサービスのこと。

Q 小学校教諭情報主任とは どんな仕事ですか？

ぼくは、新しい指導方法や教育課程を取り入れて研究する国立大学の附属小学校教諭で、情報主任という立場にあります。情報主任としてまかされた仕事は、ICTを活用した授業を自分の学校はもちろん、地域の学校にも広めることです。おもに「環境の整備」「研究」「講演」の3つを情報主任として行っています。

ひとつめの「環境の整備」は、児童が困ることなくICTを使って勉強できるように環境を整えることです。具体的には、パソコンなどの機器をそろえたり、授業でインターネットやプログラミング※の要素を上手に取り入れる方法を、先生たちに教えたりしています。

ふたつめの「研究」では、ICTを使った授業で、子どもたちがどのように学び、成長していくのかを研究し、論文にまとめています。子どもたちのICTへの適応力は、大人の想像以上です。しかし、その一方で、思いもしないところでつまずくことがあります。子どもたちにとって何が難しいのか、ICTを活用する力をどうしたら引き出せるのか研究するのが、ぼくの役割です。

3つめの「講演」は、研究によってわかったことを、大勢の人に伝えることです。ほかの小学校に行って、教諭たちの前で話したり、大学で教諭を目指す学生に教えたりしています。日本では、ICTを使った授業の取り組みは始まったばかりです。今、教諭として働いている世代は、小学生のときICTの授業を受けていないので、授業方法を想像するのが難しいのです。そこで、ぼくの経験を伝え、実際の授業に活かしてもらっています。

このほか、小学校の教諭としての授業も、もちろんあります。ふだんの授業をしながら、ICTを使った新しい授業の方法を考えるのが、情報主任としてのぼくの仕事です。

パソコンの画面をスクリーンに映して授業を行うこともある。

Q どんなところが やりがいなのですか？

子どもたちのおどろくような発想力と、ICTを楽しみながら覚えて使いこなす姿を見られることです。

以前「総合学習」で、近くの商店街にある中華料理店に協力してもらったことがありました。授業の内容は「お店がかかえている悩みを想像し、プログラミングを使って解決しよう」というものです。ぼくは初め、子どもたちからは、店員さんを呼ぶボタンや、あと何分で料理ができるかわかるシステムなど、料理の注文に関するアイデアが出ると考えていました。ところが、ひとりの児童が「お客さんがお店のトイレで安らげるようにしよう」という、思いもよらない発想をしたのです。これには、中華料理店の人もおどろいていました。その子のいるグループは、便座に座るとセンサーが反応して、壁にかかっている日めくりカレンダーの格言を読み上げるシステムをつくりました。お店に来たお客さんの反応もよく、その子の顔が達成感とうれしさでかがやいていたのを今も忘れられません。

このときの経験から、ICTの授業を広めることは、子どもの豊かな発想をのばすことにつながるのだと再確認しました。同時に、すばらしい仕事にたずさわれていることに、誇りをもつことができました。

子どもたちが帰った後は、パソコンに不具合がないか確認する。

Q 仕事をする上で、大事に していることは何ですか？

「ICTを活用して、よりよい社会をつくる」という感覚を子どもたちにもってもらえるような授業をすることです。

ICTはあくまで手段であって、操作ができるようになることがおもな目的ではありません。子どもたちには、何を便利にしたいのかを意識させ、そのために必要なICTを学べるように、授業を組み立てています。

用語　※ プログラミング ⇒コンピューターに作業を行わせるための命令（プログラム）を、専門の言語を使ってつくること。

Q なぜこの仕事を目指したのですか？

ぼくが小学校5、6年生のとき、住んでいた地域ではパソコンを使った授業について研究していました。通っていた小学校は研究指定校※だったので、授業では、パソコンで文章を書いたり、インターネットを使って調べ学習をしたりしました。授業はとても楽しくて、大好きでした。

しかし、好きだからこそ「もっと活用すればよいのに」と思うこともありました。それで「将来はパソコンを使った授業が上手にできる先生になろう」と思ったのです。

ビデオ通話やチャット機能を使って、児童の質問に答える小池さん。

Q 今までにどんな仕事をしましたか？

大学院の修士課程を修了してから、ICT活用を最先端で取り組んでいる私立の小学校で2年間働きました。その学校では、当時からすでにひとり1台のノートパソコンを使っての学習が進められていました。子どもたちも、筆記用具や教科書と同じような感覚でパソコンにふれていて、とてもよい環境でした。その後、今の千葉大学教育学部附属小学校に移りました。

今は、どのようなICTを活用した授業を開発し、実践することができるか研究し、その成果を発信しています。研究論文も書いていて、これまでに、全部で35本発表しました。研究論文は、ふつう大学の教員が書くもので、小学校教諭でここまで論文を発表している人はあまりいないと思います。しかし、実際に教室で教えている教諭の声を発信することは大事だと思うので、研究発表は、今後も続けていくつもりです。

授業や研究以外では、プログラミングの教材をどう活用するか紹介する資料をつくったこともあります。

小池さんのある1日

08:00	出勤。教室の窓を開けて換気後、メールのチェックをする
08:20	登校の見守りと「朝の会」の指導
08:40	1時間目・2時間目の授業
10:15	休み時間。子どもたちと校庭で遊ぶ
11:35	3時間目・4時間目の授業
12:20	消毒作業をして、給食の指導
13:00	昼休み。子どもたちと校庭で遊ぶ
13:50	5時間目・6時間目の授業
15:25	「帰りの会」の指導
15:40	下校の見守りと、教室の消毒
16:00	ICT機器のチェック
16:30	授業の準備と研究用資料の作成
17:30	メールをチェックして、退勤

撮影用機器

赤ペンとスタンプ

プログラミング教材

PICKUP ITEM

撮影用機器はビデオ通話などで使用。文章だとわかりにくそうな授業では、写真や動画を用いて資料をつくることもある。授業ではプログラミング教材も活用。それぞれ温度や湿度、人の気配、明るさなどに反応する。テストや提出物の採点には、赤ペンや「よくできました」などのスタンプを使う。

用語　※ 研究指定校 ⇒文部科学省や教育委員会などから依頼を受け、教育に関する研究や開発を目的とした実験的な授業を行う学校。

職員室のようす。授業の準備や資料づくりのため、日々試行錯誤している。

Q 仕事をする上で、難しいと感じる部分はどこですか？

予算が少なく、ICT機器をそろえることが難しいです。GIGAスクール構想※によって、ひとり1台のパソコン支給が文部科学省の主導で進んでいますが、今はまだ届いていません。ICT活用の大切さを伝えて、企業に協力をお願いすることもしていますが、予算はぎりぎりです。

そのほか、教諭側の意識を変えることへの難しさも感じています。教諭のなかには「パソコンやインターネットを使ったら、思った授業ができなくなる」といった考えをもつ人もいます。この壁をこわすのは、本当に大変なことだなと感じています。

宿題の答え合わせも、パソコンで子どもたちとコミュニケーションをとりながら行う。

Q ふだんの生活で気をつけていることはありますか？

インターネットを使い、つねに最新情報を得たり発信したりするようにしています。ICTを教えていく立場として、新しい技術はいち早く知っておくことが大切だからです。

最近は、動画制作もするようになり、自分でもマイクなどの機材にもこだわって機器を買うようになりました。とくに編集に使用する機器には、お金をかけましたね。購入するときは、インターネットショッピングを利用することが多いです。個人で使うものであっても、仕事に使えないか、どこかで意識してしまいます。

Q これからどんな仕事をしていきたいですか？

ICTの活用によって、発言するのが苦手な子の声も拾えるようになり、コミュニケーションの輪が広がりました。今後も、子どもたちの才能を最大限引き出すような授業を考えて、どんどん発信していきたいです。そして、いつか国から認められ、国語や算数と同じように、小学校にも「情報」という教科がつくられるようにがんばりたいです。

ほかには、教諭を目指す学生に向けた教育もしていきたいです。若い学生であっても、ICTを活用した教育をすることに、抵抗感をもつ人がたくさんいます。彼らが小学生だったころは「ICTは危険だから使わせない」という教育だったからかもしれません。教諭を目指す学生から偏見を取りのぞき、ICTを活用できる教諭を育てていきたいです。

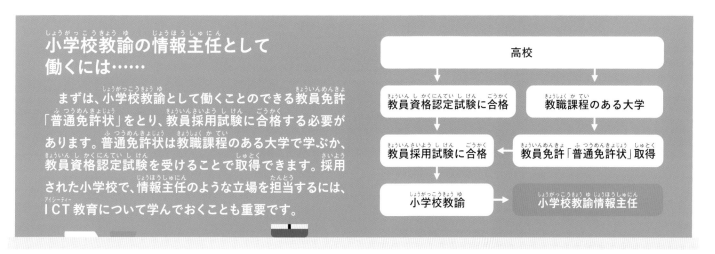

小学校教諭の情報主任として働くには……

まずは、小学校教諭として働くことのできる教員免許「普通免許状」をとり、教員採用試験に合格する必要があります。普通免許状は教職課程のある大学で学ぶか、教員資格認定試験を受けることで取得できます。採用された小学校で、情報主任のような立場を担当するには、ICT教育について学んでおくことも重要です。

高校		
教員資格認定試験に合格		教職課程のある大学
教員採用試験に合格	←	教員免許「普通免許状」取得
小学校教諭	→	小学校教諭情報主任

※ この本では、大学に短期大学もふくめています。

用語 ※GIGAスクール構想 ⇒全国の小学校にひとり1台の端末と通信ネットワークを整備し、学習に取り入れることを目標にした計画。

Q この仕事をするには どんな力が必要ですか?

新しいものを見つけたら、まずは好奇心をもって、試してみる挑戦心が大切です。ICTのように、日々新しい技術が生まれている分野ではとくに必要な力だと思います。

また、コミュニケーション能力も必要です。ICTの分野ではぼくが引っ張っていますが、ふだんの仕事面では、ほかの先生に助けられています。おたがいに助け合い、コミュニケーションをとることが、仕事には必要です。

いっしょに働く先生に、ICTの新しい活用方法を提案することも。

小池さんの夢ルート

小学校・中学校 ▶ 小学校の教諭

小学校で受けたパソコンの授業が楽しくて、自分も授業をしてみたいと思った。

▼

高校 ▶ ビジネスマン

会社でICTを使って働くことにあこがれた。

▼

大学 ▶ 教育の研究者

ICTを活用した授業を広めるには、教諭を育てる教育の研究が必要だと思った。

▼

大学院 ▶ 小学校の先生

ICT活用が進んでいる学校で教えながら、研究を続けようと考えた。

Q 中学生のとき どんな子どもでしたか?

マンガ『スラムダンク』の影響で、部活はバスケットボール部を選びました。夢中になって練習し、中学2年生になると、副部長もつとめました。

中学2、3年生のときのクラスは、とにかく落ち着きのない生徒が多くて担任の先生は大変だったと思います。学級委員を決めるときも、だれもやりたがらず、なかば強制的に、ぼくがやることになってしまいました。ぼくもやりたくなかったので、いやでした。まとまりのないクラスが変化したのは、卒業前にあった学校行事の合唱コンクールからです。最後だからと、みんなが一生懸命に練習に取り組んだことで、クラスに結束力が生まれたのです。そのおかげで、よい思い出をもって卒業することができました。

勉強は、大好きで尊敬していた教頭先生が教えてくれる国語をとくにがんばり、得意になりました。教頭先生の言葉で今でも覚えているのが「孤高を守れ」です。これは「世間から距離を置いて、自分の志を守る」という意味です。当時のぼくは、みんなと仲良くするために、人に合わせることもよくありました。でも、この言葉から、まわりに流されないことの大切さを教わりました。

中学3年生の修学旅行で京都へ向かう新幹線のなかで撮った1枚。旅行中は楽しくて、ずっと友だちと話していたという。

所属したバスケ部が市内大会で優勝したときの表彰状とメダル。卒業のときには、後輩からメッセージ入りのボールをもらった。

卒業文集に書いた将来の夢は「小学校の教師」

Q 中学のときの職場体験はどこに行きましたか？

中学2年生のとき、とんかつ屋さんに行きました。ぼくの親が飲食店に勤務していたことと、高校生になったら飲食店でアルバイトをしたかったことが理由です。

体験は1週間程度で、初日は店長さんの指示で「いらっしゃいませ」と「ありがとうございました」の声がけをする練習をしました。店長さんがお手本を見せてくれたのですが、その声がとても大きくて、衝撃を受けました。ほかに、キッチンで簡単な調理もさせてもらえました。

Q 職場体験ではどんな印象をもちましたか？

物事を効率的に進めていきながらも、笑顔でお客さんと接している店員さんの姿を見て、飲食店は大変な仕事なんだなと思いました。それまでは「お金を払うのだから、客はよいサービスを受けて当然」と考えていましたが、食事がお客さんに出されるまでには、たくさんの人の手間がかかっていることを知り、感謝するようになりました。

また、キャベツの千切りが、ロボットによって高速でつくられていたことにもおどろきました。とてもおいしく仕上がっていて、技術の進化ってすごいな、と思いました。

Q この仕事を目指すなら今、何をすればいいですか？

勉強することです。「勉強」と聞くと、受験のためにやるものであったり、将来、自分が困らないためにやるものと思うかもしれません。しかし「人のために学ぶ」という発想で学んでほしいです。自分の知識が、いつか必ず人の役に立つという意識です。

同じように、新しいICTの技術や情報機器を見たら「どんな人の役に立ちそうかな」と考えるようにするとよいと思います。ICTの「C」はコミュニケーション（Communication）の頭文字です。人と人とがつながるための道具として、ICTをぜひ使いこなせるようになってほしいです。

子どもたちが将来ICTによって築く豊かな未来を想像するとわくわくします

– 今できること –

ふだんの暮らし

まずは、パソコンやスマホなど身近にあるICTの機器にふれ、生活のなかに取り入れましょう。そして、そのICTが、だれにとってどのように便利なのか、また、何に注意が必要か考えてみましょう。まわりの人で何かに困っている人がいたら、自分が使っているICTで解決できないか考えることも大切です。よいアイデアが浮かんだら、相手にわかりやすく伝えましょう。自分の説明で理解してもらえているか、確かめながら話すことでコミュニケーション能力をみがくこともできます。

国語
授業は、子どもたちにわかる言葉で行うことが大切です。相手の理解に合わせた表現ができるようになりましょう。

社会
世の中は、ICTによって大きく変わってきています。人類がこれまでに経験してきた同様の変化を歴史から学び、未来の暮らしに役立てる力を養いましょう。

数学
ICTの授業ではプログラミングの授業も行われます。プログラミングには、関数などの計算式が必要なため、教えるためには基礎的な数学の勉強をしましょう。

技術
ICTの便利な活用方法を知り、機器に合った表現方法や発信の仕方を覚えましょう。また、情報を処理して、簡単なプログラミングができるようになりましょう。

クラウドファンディング
会社広報

Crowdfunding Public Relations

キャンプファイヤー
加賀美実里さん
入社3年目 27歳

挑戦者たちの夢を
クラウドファンディングで
資金面から応援します

お金がないとできないような挑戦をしたいとき、手段のひとつとして注目されているのが「クラウドファンディング」です。クラウドファンディングをあつかっているキャンプファイヤーで広報として働く、加賀美実里さんにお話をうかがいました。

Q クラウドファンディング会社広報とはどんな仕事ですか？

「こんなものをつくりたい」、「こんなサービスを届けたい」、「社会の問題をこうやって解決したい」と思ったとき、それをかたちにするには、お金がかかることがあります。例えば、映画をつくりたいと思ったら、撮影用のカメラや撮った映像を編集するための機材が必要です。また、上映する場所も借りなければいけません。銀行からお金を借りることもできますが、期限内にきちんと返せることを証明するなど、借りるには、厳しい審査があります。

銀行に借りる以外の方法で、必要なお金を集められないか。そこで登場するのがクラウドファンディングです。クラウドファンディングは、協力者をたくさんつのり、少額ずつ支援してもらうシステムです。まず、何かに挑戦したいことがある人は、その内容を「プロジェクト」としてインターネットで発信します。プロジェクトを見て応援したいと思った人は、金額を決めて支援し、それに対して発信した側は「もの」や「体験」などのお返しを提供します。

私が働くキャンプファイヤーは、クラウドファンディングを、より多くの人に安心して活用してもらえるように、お手伝いする会社です。クラウドファンディングは、個人でやろうとすると大変です。たくさんの人に見てもらえるWEBサイトをつくったり、支援者とのお金のやりとりをしたりしないといけないからです。そこで私たちの会社が、そうした作業を代わりに行い、安心して利用できるようにしています。

広報である私の役割は、私たちの会社を世の中の人に知ってもらうことです。「キャンプファイヤーは、クラウドファンディングをお手伝いする会社ですよ」と広めるのです。会社のことを知ってもらうために、私自身が、テレビや雑誌で宣伝することもあります。また、会社についてまちがった情報が流されていないか確認することも仕事のひとつです。

最終的には、世の中の人に「クラウドファンディングなら、キャンプファイヤー」と思ってもらえるようにするのが、私の役目です。

会社を紹介するには、社内のことをよく知っておくことが大切。そのためほかの部署の人との情報共有は毎日行っている。

Q どんなところがやりがいなのですか？

お金の問題で初めの一歩をふみ出せない人たちに、前へ進むきっかけをつくれることが、やりがいです。

アイデアはあるけれど、かたちにするためのお金がないという人はたくさんいます。一方で、アイデアはないけれど、応援することで、ものづくりに参加したいという人や、世の中の役に立ちたいという人もたくさんいます。そうした人たちの思いをつなぎ、よいものを社会に産み出せることも、この仕事の喜びですね。

また、支援者から届く応援コメントを読むと、私まで温かい気持ちになり、うれしくなります。

「会社を知ってもらうことは、クラウドファンディングを知ってもらうことでもあるんです」と話す加賀美さん。

加賀美さんのある1日

10:00	出社。会社であつかっているプロジェクトの情報をまとめ、決まった時間にSNS※で配信されるように、配信時間を予約する。
11:30	メールのチェック
12:00	ランチ
13:00	雑誌のインタビュー対応
15:00	打ち合わせ。どんなプロジェクトの人気が高いかなどの情報を共有する
17:00	取材を受けた雑誌の原稿を確認
18:00	新しくあつかう企画を、発表するための資料を作成
19:00	退社

用語 ※ SNS ⇒ ソーシャルネットワーキングサービスの略。インターネット上で、人と人とが写真などの情報をやりとりする。代表的なサービスに、Instagram、Twitter、LINE、TikTok がある。

Q 仕事をする上で、大事にしていることは何ですか？

広報というのは、会社の顔のような存在です。私が発する言葉は、キャンプファイヤーの意見として受け取られることになります。そのため、正しい情報を正しく伝えられるように心がけています。とくに、キャンプファイヤーであつかっているプロジェクトについては、必ずすべて把握し、何を聞かれても答えられるようにしています。

また、周囲とのコミュニケーションも大事にしています。ひとつひとつのプロジェクトには、それぞれ担当者がついています。プロジェクトを立てた人の思いをいちばんよく理解しているのが担当者なので、彼らと話すことでより正確な情報を、世間の人々に伝えられると思うからです。

キャンプファイヤーの記事がのった雑誌を会社の仲間とチェック。

Q なぜこの仕事を目指したのですか？

もともと、商品やサービスを宣伝する仕事に興味があり、大学卒業後は、PR代理店に就職しました。PR代理店というのは、企業がつくった商品やサービスを、その企業に代わって宣伝する会社です。しかし、ひとつひとつの商品やサービスを宣伝しているうちに、もっと会社全体を宣伝するような仕事をしたいと思うようになりました。

そんなとき、前にいた会社の先輩から、キャンプファイヤーという会社で広報の担当者を探しているという話を聞きました。キャンプファイヤーという名前に聞き覚えがあって調べてみると、なんと、自分自身が大学生時代に利用したクラウドファンディングの会社だったんです。所属していたダンスサークルが舞台公演をすることになり、その資金を集めるために活用したのです。おかげで私たちは無事に公演を行うことができました。そんな経験もあって、私は「これだ！」と思い、転職を決めました。

Q 今までにどんな仕事をしましたか？

大学を卒業後、PR代理店に入社し、その後、転職で別のPR代理店に移りました。キャンプファイヤーに入ったのは、その後です。

PR代理店では、新商品を売り出すために、キャンペーンやイベントを行うなど、さまざまな宣伝を行いました。私は2歳から14歳まで父の仕事の関係でアメリカに住んでいたので英語が得意です。そのため、日本の企業だけでなく、海外企業からの依頼も担当していました。どんな宣伝をすれば海外の商品を日本でも受け入れてもらえるようになるか考えるのは、とても新鮮でした。もちろん、打ち合わせや資料づくりは、すべて英語で行っていたんですよ。

キャンプファイヤーに入社してからは、キャンプファイヤーという会社を知ってもらい、クラウドファンディングを活用してもらうために働いています。

- ノートパソコン
- パソコン用眼鏡
- 名刺と名刺入れ
- 目薬
- 付箋

PICKUP ITEM

情報発信や資料の作成には、ノートパソコンを使用。パソコンの光から目を守るため、画面にはフィルムをつけている。また、パソコン用の眼鏡や目薬も欠かせない。人に会う機会の多い広報にとって名刺と名刺入れは、大切なアイテム。付箋などの文房具は、自分がかわいいと思ったものを使って、仕事へのやる気をアップさせている。

Q 仕事をする上で、難しいと感じる部分はどこですか？

伝えたいことを、言葉で正しく表現するのは、本当に難しいと感じています。私はテレビやラジオ、雑誌などに出演して、インタビューに答えることがありますが、真意がきちんと伝わったか、毎回不安になります。また、予想もしないような質問をされてあわてることもあります。しかし、一瞬あわてたとしても、十分な知識があれば正しく答えられます。そのため、クラウドファンディングに関する情報収集は欠かさないようにしています。

仕事がうまくいかず、落ちこんだときは、ひとりでかかえこまないことが大切です。だれかに話をすると「案外、そこまで大きな悩みじゃないな」と前向きになれるからです。また、人の意見を聞くことで、ちがった考え方を知ることができ、自分の成長にもなります。

テレビや雑誌に出るなど、はなやかそうに見える広報の仕事。「実際は、データのチェックや、資料づくりなど、地道な作業の方が多いんですよ」

Q ふだんの生活で気をつけていることはありますか？

広報という仕事は、会社のイメージを左右する立場にあります。そのため、自分の行動や発言に責任をもつことはもちろん、身だしなみにも気をつけるようにしています。身だしなみとは、着飾ればよいということではありません。清潔感を保ち、相手に不快感をあたえないということです。

休みの日でも、いつ、だれが見ているかわかりません。大人としてのマナーを守り、きちんとした生活をするように心がけています。

Q これからどんな仕事をしていきたいですか？

海外では多くの人がクラウドファンディングによってお金を集め、夢の実現のためにさまざまな挑戦をしています。日本でもクラウドファンディングに興味をもってくれる人が増えてきましたが、もっと活用してもらいたいと思っています。キャンプファイヤーの広報として、私もクラウドファンディングを広めていきたいです。そして「クラウドファンディングなら、キャンプファイヤー」と思ってもらえるようにがんばりたいです。

また、海外の人にもキャンプファイヤーという会社を知ってもらえるように、英語での情報発信にも力を入れていきたいです。キャンプファイヤーのクラウドファンディングを通して、夢への希望を忘れない世界が実現できたらうれしいですね。

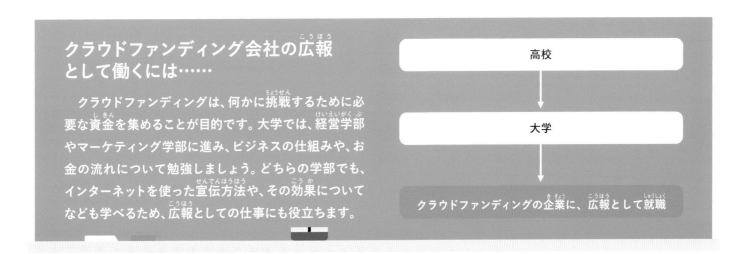

クラウドファンディング会社の広報として働くには……

クラウドファンディングは、何かに挑戦するために必要な資金を集めることが目的です。大学では、経営学部やマーケティング学部に進み、ビジネスの仕組みや、お金の流れについて勉強しましょう。どちらの学部でも、インターネットを使った宣伝方法や、その効果についてなども学べるため、広報としての仕事にも役立ちます。

高校
↓
大学
↓
クラウドファンディングの企業に、広報として就職

Q この仕事をするにはどんな力が必要ですか？

広報は、会社やクラウドファンディングについて、何を聞かれても答えられるように、つねに準備しておかなければいけません。そのため、どんなことでも貴重な情報として自分のなかに取り入れていく学習意欲が必要だと思います。

しかし、どんなに準備をしていても、取材などでは、予想もしないような質問を受けることがあります。そういうときでもあせらずに、もっている知識のなかから答えを探して伝えられる「柔軟な対応力」も必要ですね。

情報を伝えるときは、根拠となるデータを見せて、説明することも心がけている。

Q 中学生のときどんな子どもでしたか？

2歳から14歳まで、父の仕事の関係で、日本とアメリカを行ったり来たりする生活をしていました。アメリカの中学校では、放課後の課外活動が盛んで、私は学校のミュージカルプログラムによく参加していました。「将来はミュージカル俳優になりたい」と思うようになるくらい楽しかったです。

また、学校全体が盛り上がる、ハロウィンの仮装コンテストもよい思い出です。好きだったミュージカル『オズの魔法使い』の主人公、ドロシーの仮装をしたこともありました。翌日は「トリック・オア・トリート※」でもらったお菓子を食べて盛り上がり、みんな寝不足だろうということで、学校が休みなんです。おもしろいですよね。

授業は、ほとんどが「実践型」でした。例えば、歴史の授業では、自分が歴史上の人物になったつもりで、ほかの国と交渉したり、戦略を考えたりして歴史を疑似体験します。教科書を読むだけでなく、実際に体感しながら学べるので、とても理解しやすかったです。

加賀美さんの夢ルート

小学校 ▶ 動物に関わる仕事

動物が大好きで、地元にあった小さなふれあい動物園でボランティアをしたことも。

▼

中学校 ▶ 歌手かミュージカル俳優

歌やダンスで表現する仕事にあこがれた。

▼

高校 ▶ 外交官

現実的な仕事を考えるようになり、英語を活かせる外交官に興味がわいた。

▼

大学 ▶ 宣伝や広報の仕事

人を笑顔にする仕事で英語を活かしたいと思うように。

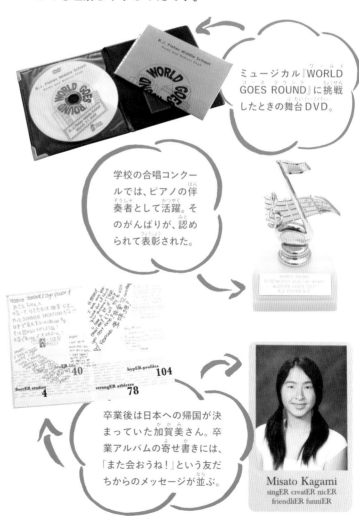

ミュージカル『WORLD GOES ROUND』に挑戦したときの舞台DVD。

学校の合唱コンクールでは、ピアノの伴奏者として活躍。そのがんばりが、認められて表彰された。

卒業後は日本への帰国が決まっていた加賀美さん。卒業アルバムの寄せ書きには、「また会おうね！」という友だちからのメッセージが並ぶ。

Misato Kagami
singER creatER nicER
friendliER funniER

用語 ※トリック・オア・トリート ⇒ハロウィンに子どもたちが、近所の家々をまわり、お菓子をもらうときに使う言葉。英語で、「お菓子をくれないと、いたずらするぞ！」の意味。

Q 中学のときの職場体験はどこに行きましたか？

　私が住んでいたのは、アメリカのカリフォルニア州だったのですが、そこでのキャリア教育の授業は高校で組まれていたようです。そのため、授業としての職場体験はしませんでした。でも、ふだんの授業から、自分の将来について考えさせるような内容が多かったような記憶があります。

　ボランティアも盛んで、私も夏休みの期間、保育園やホームレスのための施設などで活動しました。

Q ボランティアではどんな印象をもちましたか？

　ボランティアで行った保育園には、スペイン語を日常語として使う子どもたちがたくさんいました。私はスペイン語が得意ではなかったので大変でしたが、覚えたての単語を使って会話をするのは楽しかったです。

　また、保育園でも、ホームレス施設でも、実際に働いている人たちは表情がとても明るく、生き生きとしていました。自分が本当にやりたいことを仕事にした人は、こういう幸せな人生を歩めるんだと、あこがれたのを覚えています。

　私もボランティアで出会った人たちのように、生き生きと自分の道を歩んでいきたいです。

Q この仕事を目指すなら今、何をすればいいですか？

　いろいろな人と積極的に話をして、コミュニケーション能力を身につけてください。広報は、会社内の人とはもちろん、会社以外の人とのコミュニケーションも必要な仕事です。会話のキャッチボールがうまくできれば、信頼関係を築くことができ、会社のことや、クラウドファンディングのことを知ってもらえるチャンスが増えます。

　また、自分が興味を感じる商品やサービスについて、どんな歴史があるのか、将来、人気が出そうかなどを調べるくせをつけてください。この習慣を身につけると、新しい情報を敏感にキャッチできるようになりますよ。

人の思いをつなぎ
社会をよくするアイデアが
実現するように
お手伝いします

－ 今できること －

ふだんの暮らし

　クラウドファンディングを多くの人に知ってもらうには、まず自分が理解している必要があります。インターネットには、クラウドファンディングで叶えたい活動を紹介するさまざまなサイトがあるので、見てみるとよいでしょう。基本的な仕組みを理解するとともに、人々がどんな挑戦をしたいと思っているのか、それに対しどのくらいの人が応援しようと考えるのかにも注目してください。その情報を、友だちが興味をもつように伝える練習をすることで、広報の仕事にも活きていきます。

 自分の意見を相手に正確に伝えるための表現力をきたえましょう。また、相手の考えや、気持ちをくみ取れるようにコミュニケーション能力を養いましょう。

 クラウドファンディングの基本的な考え方は、経済の仕組みについて学ぶ公民の知識が基礎になります。サービスや商品がどのように流通するのか理解しましょう。

 クラウドファンディングによって集まった資金や支援者の人数から、人気の傾向を読み解く力が必要です。数値化されたデータを分析できるようになりましょう。

 クラウドファンディングは、インターネットで世界中に発信するものです。読み書きを中心に学びましょう。

オンライン診療営業

Online Medical Treatment Sales

MRT
橋本彩海さん
入社4年目 26歳

どこでも診察が
受けられるように
オンライン診療を行う
医療機関を増やします

スマートフォンなどを使って医師の診察を受けられるオンライン診療は、患者さんにとっても医師にとっても便利なシステムです。診療アプリ「ポケットドクター」を利用したオンライン診療の営業をしている、橋本彩海さんにお話をうかがいました。

Q オンライン診療の営業とはどんな仕事ですか？

オンライン診療とは、スマートフォンやタブレット、パソコンなど情報通信機器のビデオ通話機能を使って、医師の診察を受ける方法です。自宅や職場にいながら診察が受けられるので、病院などの医療機関から遠い地域に住む人や、いそがしくて行くことができない人などに便利です。

私が働いているＭＲＴでは「ポケットドクター」という診療アプリを使ったオンライン診療のサービスを提供しています。スマートフォンやタブレットなどにアプリをダウンロードすると、ポケットドクターを使ったオンライン診療を行っている医療機関を探すことができ、予約、診察、支払い、薬の処方箋※の受け取りがビデオ通話で行えます。

私の仕事は、より多くの人がオンライン診療を受けられるように、ポケットドクターのシステムを使う医療機関を増やすことです。まずは医療機関に連絡をとり、病院の経営者や医師に、オンライン診療のよい点と、ポケットドクターのシステムについて説明します。ポケットドクターのことをきちんと理解してもらった上で、システムの導入をすすめるのが営業の仕事です。

システムを導入してもらうことが終わりではなく、医療機関の悩みを聞いて、解決策をいっしょに考えることも大切です。例えば、オンライン診療の利用者が増えないという場合は、なぜ増えないのか理由を調べます。その理由が、スマートフォンやアプリに不慣れな患者さんが多いからであれば、病院の許可を得て、私が直接、患者さんにポケットドクターの使い方を説明することもあります。

このように、患者さんと医師がスムーズにオンライン診療を利用できるようにサポートすることも、営業として大切な仕事のひとつです。

ポケットドクターのアプリを使ったオンライン診療の見本用スマートフォン画面。アプリを使えば、診察の予約から処方箋の受け取りまで行うことができる。

Q どんなところがやりがいなのですか？

医師から、「患者さんに喜んでもらえている」という話を聞くと、ポケットドクターを使ったオンライン診療の導入をおすすめしてよかったなと思います。患者さんのなかには、ひとりで出歩くのが困難な高齢者もたくさんいます。また、病院に通えず、治療がなかなか進まないという人もいます。私が導入をすすめたことで、そうした患者さんの助けになっていると思うと、大きなやりがいを感じます。

以前、難病をわずらっている方たちが集まる会におじゃましたことがありました。治療が難しい病気の場合、診てもらえる病院が限られてしまいます。ある方は、定期的に薬を処方してもらうために、何時間もかけて病院に通っていると話していました。また、同じ理由で病院の近くに引っ越すことを考えている方もいました。

私はその場で、オンライン診療の説明をしたのですが、みなさんとても熱心に聞いてくれたのが今でも忘れられません。自分の仕事が、困っている人の役に立つと感じることができた、貴重な体験でした。

橋本さんのある1日

08：50	出社。
09：00	朝礼。ひとり15秒間、その日の体調やニュースなど、好きなことを話す
09：30	メールのチェック
10：00	ポケットドクターに関する病院からの問い合わせに、電話で応対
11：30	営業用の資料を作成
13：30	ランチ
14：30	病院へ行き、資料を使って営業
16：30	会社にもどり、営業方法の打ち合わせ
17：30	企画書の作成。打ち合わせた内容をもとに、具体的な営業方法をまとめる
18：30	事務仕事をして、退社

用語　※ 処方箋 ⇒医師が患者の病気の治療に必要な薬の種類や量、服用法を記した書類のこと。これをもとに、薬剤師が薬を調剤して患者に渡す。

Q 仕事をする上で、大事にしていることは何ですか？

医療機関ならではの悩みを理解することです。オンライン診療をおすすめするからには、患者さんにとって便利であるということだけではなく、医療機関にとってもよい点を伝えなければいけません。そのためには、医療機関がかかえる問題や、働く医師の悩みを理解し、オンライン診療による解決策を提案したいと思っています。

また、医師の話には、医療の専門用語がたくさん出てくるため、すぐには内容を理解できないこともよくあります。そのため、話をするときは必ずメモをとりながら聞いて、会社にもどってからもう一度確認することも重要です。

医療業界のことは、最初まったくわからなかったという橋本さん。今でも時間をみつけては、保険制度や医療報酬についてなどの勉強を欠かさない。

Q なぜこの仕事を目指したのですか？

MRTはもともと、医療機関に医師を紹介したり、医師に働く病院を紹介したりする人材紹介の仕事を中心に行ってきた会社です。私は小さいころから人と話すことが大好きで、友だちの輪を広げていくのが得意でした。そんな私にとって、医師と病院をつなぐ人材紹介の仕事は、自分にぴったりだと感じ、この仕事を選びました。

オンライン診療について知ったのは、入社後に行われた事業説明会で話を聞いてからでした。当時、オンライン診療に関わる事業は、始まったばかりでした。まだかたちになっていない事業が、自分たちの手でどのように発展していくのか、いろいろな可能性を感じてわくわくした私は、オンライン診療への配属希望を出しました。希望が叶い、そのなかでも、さまざまな人と出会える営業という仕事に就くことができて、毎日とても充実しています。

Q 今までにどんな仕事をしましたか？

オンライン診療の事業は、社内でも始まったばかりだったので、営業の方法は何も決まっていませんでした。ただ、ポケットドクターのアプリだけはできていたので、とにかくポケットドクターのシステムを説明しようと、さまざまな医療機関へ行きました。しかし、行ってみると、オンライン診療そのものがまだ知られておらず、アプリの話をしても興味をもってもらえないことに気がつきました。

そこで私は、オンライン診療とはどんなものか説明し、必要性を理解してもらうことから始めました。そして、オンライン診療を行うには、ポケットドクターのシステムを使うと便利であることを伝えました。

また、医師と話すうちに、医療機関ごとに患者さんの年齢層がちがったり、経営方針がちがったりすることがわかってきました。そのため、ポケットドクターの機能のなかでもとくにどの部分をしっかり説明すれば興味をもってもらえるか考えて伝えるようになりました。その結果、私は、多くの医療機関にポケットドクターのシステムを契約してもらうことができ、会社から新人賞をもらうことができました。

最近は、病院関係者が集まる講演会や勉強会で、オンライン診療についてのスピーチを行うなど、仕事のはばも広がってきています。

● ボールペン

PICKUP ITEM

医療機関やポケットドクターの利用者に配る、販促用のボールペン。上の部分がタブレットなどの操作に便利なタッチペンになっていて、医師からも好評。営業用の資料は、医療機関に合わせて、毎回、内容を見直して作成している。

● 営業用資料

用語　※ AI ⇒ Artficial Intelligence（人工知能）の略。
人間のように学習し、学習したことをもとに推測・判断のできるコンピューターシステムのこと。

Q 仕事をする上で、難しいと感じる部分はどこですか？

医師には、診察は患者さんと直接会い、顔色を見たり痛いところを触ったりしなければ正確な診断はできないという信念があります。もちろん、私もそれに異論はありません。しかし、さまざまな事情で病院へ行くことのできない患者さんにとって、オンライン診療が助けになることも事実です。そのことを説明し、信念とちがう考え方を受け入れてもらうのは、とても難しいことだなと感じます。

また、オンライン診療の利用者数が予想通りに増えないときもつらくなります。以前、理由は高齢の患者さんが多く、スマートフォンを持っている人が少ないからだとわかったことがありました。そのときは、携帯電話会社に協力を求め、その地域で販売キャンペーンを行いました。

Q ふだんの生活で気をつけていることはありますか？

自分が患者として病院などの医療機関に行くときは、患者目線からしっかりと病院を見るようにしています。仕事で行く場合と、患者として行く場合では、医療機関の見え方もちがうと思うからです。実際、体調が悪いときに、混み合う病院の待合室で長い時間待つのがどれだけつらいことか、また、医師と話すだけでどれだけ安心するかに気がつきました。患者さんの目線を大事にすることで、病院に対しても、よい提案を出すことができると考えています。

Q これからどんな仕事をしていきたいですか？

2019年末に新型コロナウイルスの感染拡大が始まって以降、病院に行かなくても診察を受けられるオンライン診療の需要は高まっています。オンライン診療を受けたい人がすぐに利用できるように、これからもシステムを導入する医療機関を増やしていきたいです。

また、日本は今後ますます高齢化が進み、医療機関にかかる人は確実に増えていくと考えられています。そのため、オンライン診療で定期的に医師の診察を受け、健康管理の手段として利用する人の数も増やしていきたいです。

そのほか、オンライン診療にもっとICT技術を取り入れることも考えたいです。AI※の技術を使えば、その患者さんに最適な食事のメニューや運動方法を割り出すこともできます。また、VR※技術を使えば、よりリアルな診察の実現も可能だと思います。

医療機関がかかえる悩みを、ポケットドクターを使ってどう解決するか、社内で話し合う。

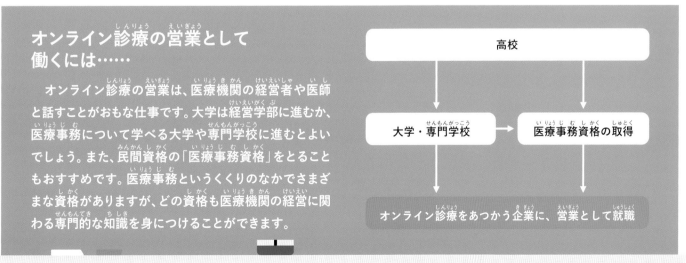

オンライン診療の営業として働くには……

オンライン診療の営業は、医療機関の経営者や医師と話すことがおもな仕事です。大学は経営学部に進むか、医療事務について学べる大学や専門学校に進むとよいでしょう。また、民間資格の「医療事務資格」をとることもおすすめです。医療事務というくくりのなかでさまざまな資格がありますが、どの資格も医療機関の経営に関わる専門的な知識を身につけることができます。

```
高校
  ↓
大学・専門学校 → 医療事務資格の取得
  ↓
オンライン診療をあつかう企業に、営業として就職
```

用語 ※ VR ⇒ Virtual Reality の略。VR ゴーグルなどを装着して、観ている映像を現実のように感じさせる技術。

Q この仕事をするには どんな力が必要ですか？

オンライン診療はまだ始まったばかりの診察方法なので、今後どう発展していくかわかりません。先が見えないからこそ、新しい分野を自分の手で開拓してみたいと思うチャレンジ精神が必要です。

コミュニケーション能力も必要です。相手とたくさん話して、信頼関係を築かなければ、どんなによいものでも、使いたいと思ってもらえないからです。

仕事に行き詰まったときは、仲間と話をしてリフレッシュ。雑談のなかから、仕事のヒントとなるようなアイデアが生まれることも多い。

橋本さんの夢ルート

小学校 ▶ ミュージカル俳優

人前に出るはなやかな仕事にあこがれてミュージカルを習っていた。

▼

中学校 ▶ 教師

人に何かを教える職業に興味をもった。

▼

高校 ▶ ウェディングプランナー

ウェディングプランナー※になって幸せの応援をしたいと思った。

▼

大学 ▶ とくになし

現実的に考えるようになり、悩むように。

Q 中学生のとき どんな子どもでしたか？

私が通っていた中学校は、行事が盛んな学校でした。とくに運動会は、先生と生徒が一丸となって取り組んでいました。中学3年生のとき、ジャージが真っ黒に汚れるのも気にせずみんなでムカデ競走の練習をくりかえしたことは今でも忘れられません。本番当日の朝には、全員で黒板一面に思い思いの言葉をつづりました。私は大きく「鬼」と書きました。当時、気合いを入れてがんばるときに使っていた言葉だったからです。

中学時代をふりかえると、楽しかった思い出しかありません。クラスメイトは、明るい子もおとなしい子も、みんな仲がよくて、私もみんなのことが本当に大好きでした。

塾にも通っていましたが、勉強より塾の友だちや先生と話せるのが楽しくて通っていたような記憶があります。ただ、負けずぎらいの性格だったので、勉強もがんばっていて、成績はつねに上位でした。

なかでも得意だったのは社会です。小学生のころから、マンガで描かれた歴史上の偉人の伝記を読むのが好きだったので、自然と歴史に興味をもてたのがよかったのだと思います。

職場体験の後は、それぞれ体験したことや感想を先生に提出。先生がまとめた冊子を見て、ほかの仕事についても学んだ。

運動会当日の橋本さん。「エネルギーがありあまっていて、みんなで大騒ぎして盛り上がったのがよい思い出です」

用 語　※ ウェディングプランナー ⇒結婚式の進行や演出などを企画し、新郎新婦へのサポートを行う職業に就く人のこと。

Q 中学のときの職場体験はどこに行きましたか?

中学1年生のときに、「ふれあい3days」という職場体験がありました。保育園やスーパーマーケット、パン屋さんなど、複数の体験先があり、あらかじめどんな仕事をするのかを教えてもらった上で、行き先を決めました。

私が選んだのは、地元のショッピングモールにあった文房具売り場です。いっしょに行くことになった4人と、お店の開店前に行って商品を並べたり、商品の確認や値札をつけたり、お客さんに売り場の案内をしたりしました。

Q 職場体験ではどんな印象をもちましたか?

いろいろな作業をやってみて確信したのは、自分は接客業がもっとも向いているということでした。反対に、商品の確認や値札付けのような、くりかえし行う作業はすぐにあきてしまい、自分には合わないと感じました。

お客さんと話をするのはとても楽しくて、商品の置いてある場所を案内したり、おすすめの商品を伝えたりしながら「これは天性の才能だな」などと思っていました。そして、将来は人とコミュニケーションをとる仕事に就こうと思ったのを覚えています。

Q この仕事を目指すなら今、何をすればいいですか?

いろいろな人と話をし、人に興味をもつことです。この仕事は、病院の経営者や医師、患者さんなど、さまざまな年齢や立場の人とコミュニケーションをとらなければいけません。そのため、だれとでも話ができるようになってください。

まずは、いつも話す友だち以外のクラスメイトと話をしてみたり、先生と話をしてみたりするとよいと思います。相手の話をよく聞いて、その人のことがわかってくると、自然に会話を楽しめるようになるはずです。そして、人と話すことは、自分とちがう考え方を知ることであり、とても楽しいことなのだと知ってほしいです。

オンライン診療を広めて
病院に来ることが
難しい人たちを
支えていきたい

－ 今できること －

ふだんの暮らし

営業の仕事は、この人の話を聞いてみようと思ってもらえなければ始まりません。それには、まず自分が人に対して誠実であることが大切です。「あいさつをきちんとする」「約束を守る」「相手の気持ちを思いやる」など、人から信頼される行動を心がけて生活しましょう。その上で、だれとでも話せるコミュニケーション能力も必要です。部活や生徒会のほか、さまざまな年代の人が集まる地域の活動などにも参加し、相手が興味をもっている話題で話ができるようになりましょう。

国語

営業職は、サービスについての知識をきちんと理解して相手に説明する必要があります。相手の話や表情から意図をくみ取る力や表現力をきたえましょう。

社会

少子高齢化問題や情報化社会について学び、地域のネットワークが果たす役割を考えましょう。また、ものやサービスの価値について理解を深めましょう。

数学

病院に来る患者数や年齢層から、オンライン診療を利用してくれそうな患者数を計算して説明することがあります。確率や統計の問題が解けるようになりましょう。

保健

健康を保つには、年齢や生活環境が関わることを知りましょう。また、医療機関の役割についても学びましょう。

スマート農業技術開発

Agriculture Technology Development

オプティム
星野祐輝さん
入社4年目 27歳

最新技術を使って
「かっこいい」農業を
目指します！

日本の農業がかかえる問題を解決し、成長していく産業にするために、AI（人工知能）やロボットなどのICT技術を活用した「スマート農業」が注目されています。新しい農業に必要な技術開発に取り組んでいる、星野祐輝さんにお話をうかがいました。

Q スマート農業技術開発とはどんな仕事ですか?

農業は、私たちが生きる上で欠かせない、穀物や野菜などを生産する大切な仕事です。しかし、仕事は重労働な上に、天候に左右され、収穫量も毎年予定通りとはいきません。そうした問題があるため、農業を志す人はどんどん減っていて、人手不足と高齢化を招いています。

ぼくが働いているオプティムでは、これらの問題を解消するために、AIやロボットなどのICT技術を使った、新しい農業技術を生み出しています。

例をあげると「ピンポイント農薬散布テクノロジー」があります。生産者はまず、自動で飛ぶ空撮用のドローン※を飛ばし、上空から田畑を撮影します。その画像をAIが解析し、農薬が必要な場所や必要な量を計算します。そして今度は、薬剤散布用のドローンが、特定した場所に自動で農薬を散布するんです。ピンポイント農薬散布テクノロジーは、オプティムが開発した技術です。この技術を使えば、広い農地を歩き回って農薬をまく必要がありません。また、使う農薬の量も最低限におさえられます。

こうした最先端技術を用いて行う農業のことを「スマート農業」といい、国からもすすめられています。

ぼくの仕事は、全国の生産者たちが、安心してスマート農業を始められるように、生産者にあった技術を開発してサポートすることです。そのためぼくは、各地の生産者のところへ行き、実際の田畑を見ながら、大変なことや困っていることの聞き取り調査をしています。

また、収穫された農作物を買い取って「スマートアグリフード」としてインターネット上で販売する、新たな仕組みづくりにも力を入れています。スマート農業で生産された作物は、品質がよく、農薬の使用量も少ないので、消費者からの人気も高いんですよ。

生産者にドローンの使い方を説明する星野さん。操作は、生産者自身が覚えて行う。

Q どんなところがやりがいなのですか?

ぼくが開発した技術によって「生産の効率が上がった」とか「質のよい農作物がつくれるようになった」と、生産者によろこんでもらえるのが、やりがいです。

日本の農業は、仕事の大変さからやめてしまう人が多く、衰退してしまった地域もあります。しかし、スマート農業によって作業が効率化され、品質のよい農作物の販売で地域が活気づいていくようすを見ると、胸が熱くなります。また、農業の未来を支える仕事にたずさわれることに、やりがいを感じると同時に、気持ちも引きしまります。

出張がない日の星野さんは、技術開発や、生産者さんから送られてきた画像の解析を行っている。

星野さんのある1日（出張時）

- 07:00 新幹線に乗り、出張先へ
  ▼
- 10:00 生産者さんを訪問し、打ち合わせ。提供した技術をうまく使えているか、不具合はないかなどを聞く
  ▼
- 11:00 ドローン画像の解析。生産者さんがドローンを操縦して撮った画像をAIで解析し、いっしょに肥料や農薬の散布場所を確認する
  ▼
- 12:00 ランチ
  ▼
- 13:00 生産者さんが行うドローンによるピンポイント農薬散布の立ち合い
  ▼
- 16:00 生産者さんと次の予定を確認
  ▼
- 17:00 新幹線に乗り、帰宅

用 語　※ドローン ⇒遠隔操作や自動制御によって飛ぶ、無人航空機のこと。

Q 仕事をする上で、大事にしていることは何ですか?

パソコンの前で考えるだけではなく、実際に農業の現場に行って、生産者さんの話を聞いた上で技術開発を行うことを大事にしています。いくら話を聞いても、生産者さんの本当の苦労や大変さは、現場を見ないとわかりません。問題の本質が理解できなければ、解決もできないので、現場に行って話を聞くことはとても大切です。

農業というのは、基本的な栽培の流れはあるものの、地域や生産者によって、やり方はまったくちがいます。現場を訪れて生産者の仕事を見せてもらうことで、どのような技術を提供するべきかが見えてきます。生産者さん本人は苦労だと思っていないことも、技術提供によってもっと効率化できる場合もあるんです。

Q なぜこの仕事を目指したのですか?

ぼくは農業高校の出身で、大学と大学院でも農学部に在籍していました。といっても、農業関係の仕事に就くことはあまり考えておらず、大学生のころは、就職は食品開発の仕事がいいかなと思っていました。

しかし、大学4年生から大学院を卒業するまで、オプティムでアルバイトをしたことがきっかけで、気持ちが変わりました。当時オプティムではすでにスマート農業に取り組んでいて、アルバイトのぼくもたずさわることになりました。さまざまな農業の現場を訪れ、生産者と話をしたり、農作業を体験したりするうちに「日本、そして世界の農業発展に貢献したい」という思いが高まっていきました。また、農業用ドローンの操作や撮影技術を習得させてもらったので、せっかく身につけた技術を活かしたいという気持ちもあり、オプティムへの入社を決めました。

ドローンの操作方法は、オプティムでのアルバイト時代に習得した。

Q 今までにどんな仕事をしましたか?

オプティムはAIを使ってさまざまな仕事のサポートをする会社です。ぼくが入社した当初、農業へのサポートはまだ始まったばかりで、仕事の進め方も決まっていませんでした。そのため、何をするか考えることから始めました。

まずは野菜の栽培のスマート農業化を目指すことになり、野菜の生産地や種類などを学びました。同じ種類の野菜でも、品種によって育て方もちがうので生産者さんにも聞きながら技術開発に取り組みました。その後、稲作の技術開発も行うことになり、同様に勉強しました。

Q 仕事をする上で、難しいと感じる部分はどこですか?

農作物の多くは、年に一度しか収穫できないため、開発した技術を試すチャンスも、年に一度しかありません。新しい技術が有効かどうか、今年実証できなければ、次に試せるのは来年になってしまいます。そのため、年に一度のチャンスをのがさないようスケジュールを立てて、技術開発を行わないといけないのが、この仕事の難しいところです。

- タブレット
- スマート米

PICKUP ITEM

タブレットは、出張の多い星野さんの必需品。AIで解析したデータを、田畑のなかで確認するときなどに使用。収穫されたお米はオプティムが買い取り「スマート米」として販売もしている。

大型のドローンは肥料や農薬の入ったタンクを積んで飛ぶ散布用。飛行ルートと散布位置を入力しておくと、自動で散布される。

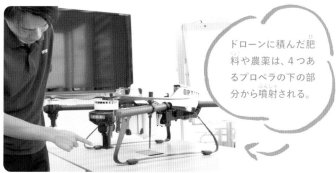

ドローンに積んだ肥料や農薬は、4つあるプロペラの下の部分から噴射される。

Q ふだんの生活で気をつけていることはありますか？

　農作物が育ち始めると、状態を確認するために毎日のように出張があり、全国各地を飛びまわっています。そのため、いつも万全の体調で出かけられるように、食事の栄養バランスや睡眠時間など、健康管理に気を配っています。

　会社に出勤せず、家で仕事を行うリモートワークが続いたときは、体力を維持できるように、適度な運動もしています。

Q これからどんな仕事をしていきたいですか？

　日本の農業の発展につながる技術をたくさん開発して、ひとりでも多くの生産者をサポートしていきたいです。そして、いずれは海外の生産者にも使ってもらい、世界中の人に、安全な農作物を届けられたらうれしいですね。

　また、アジア圏の米の栽培にも興味があります。日本では、収穫は年に1回がほとんどですが、ベトナムやフィリピンなどには年に2、3回収穫している地域が多くあります。開発した技術を試すチャンスが多いぶん、技術開発ができるのではないかと思うので、チャレンジしてみたいです。

　そのほか、生産者から買い取った農作物を、消費者ひとりひとりの好みに合わせて届ける仕組みもつくりたいです。具体的には、お米を購入したい人が、出身地や好みの食感などの情報を入力すると「あなたにおすすめのお米は、〇〇県産の〇〇というブランドです」と教えてくれて、届けてくれる仕組みです。お米に限らず農作物にはさまざまな品種やブランドがあって、選ぶのは意外と難しいので、この仕組みをつくって、多くの人に好みの味のものを届けられたらいいなと思います。

「農業にはいろいろな可能性があることを、多くの人に知ってもらいたいです」と話す星野さん。

スマート農業の技術開発として働くには……

　スマート農業の技術開発は、実際に農家の人々の仕事を理解し、問題をICTで解決する技術を必要とします。大学では、農学部で生物工学や農作物の栽培方法、生産技術などについて学んでおくと技術開発を行う上で役に立ちます。また、ICT技術を極めるために、工学部などでものづくりの経験を積んでおくのもよいでしょう。

高校 → 大学 → 大学院

スマート農業を行う会社に、技術開発者として就職

Q この仕事をするには どんな力が必要ですか？

何をやるにしても、自分のなかで目的を見つけて、楽しめる力が必要だと思います。

技術開発の仕事は、実験のくりかえしで作業だけしか見えず、目的を見失いがちです。しかし、その作業が何のためにあるのか考えたり、自分なりに目的を見つけられたりするとやる気がわいてきます。

生産者から届いた豊作を知らせる画像を見ながら、会社の仲間と喜びあう星野さん。

星野さんの夢ルート

小学校 ▶ とくになし

仕事について考えたことはなかった。

▼

中学校・高校 ▶ 社長

会社の社長になれば
何か大きな仕事ができると思っていた。

▼

大学 ▶ 食品会社

農学部に進み、「食」に関心が高まり
食品開発の仕事に注目する。

▼

大学院 ▶ ものづくり

オプティムでアルバイトしたことにより
新しい農業のあり方に興味をひかれた。

Q 中学生のとき どんな子どもでしたか？

小学校のとき習い事で空手を始め、中学校でも同じ道場に通っていました。ぼくの中学校では、その道場が部活の代わりとして認められていたので、いわゆる学校の部活には入っていませんでした。でも、同じ中学校の友だちも道場にはたくさん来ていて、大会には学校名で出場することもできました。空手は高校に行ってからも続け、三段を取得しています。

稽古は、厳しくてつらいこともたくさんありましたが、空手のおかげで体力がつき、忍耐力や集中力もきたえられました。今の仕事は出張が多く、生活リズムが不安定になりがちですが、元気でがんばれるのは、空手できたえた体のおかげだと思っています。

空手の稽古がない日は、学校の授業が終わると塾に行って勉強をしていました。家で勉強していた記憶はあまりありませんが、成績は良くも悪くもなく、ふつうだったと思います。どちらかというと、文系の科目より理系の科目の方が得意だった覚えがあります。でも、いちばん好きだったのは、体を動かす体育の授業でしたね。

小学生のころからずっと空手を習っていた星野さん。空手着なども大事に残していたが、2012年の九州北部豪雨で実家が被害にあい、失ってしまった。

体育が好きだった星野さんは、走るのも得意で、運動会でも活躍した。

Q 中学のときの職場体験は どこに行きましたか？

中学2年生の夏に、友だち3人と2日間、温泉施設へ職場体験に行きました。職場体験の候補は、ガソリンスタンドやコンビニなど、ほかにもいくつかありました。なぜ自分が温泉施設を選んだのかよく覚えていませんが、家族でその施設を利用したことが一度あったので、興味をもったのかもしれません。

温泉施設では、お風呂の掃除のほかに、売店の販売員をさせてもらいました。お客さんにものを売るというのは、初めての体験で新鮮でした。

Q この仕事を目指すなら 今、何をすればいいですか？

スマート農業が今後どのように発展していくかは、ぼくたちの仕事にかかっていると思っています。だから、つねに自分なりの考えをもち、自分から仕事を提案し、よいものをつくろうと行動することが大切です。

中学生にとっては、勉強や部活、学校行事、遊びなどが「仕事」になると思います。「仕事」をするときは何であっても、だれかに言われたからやるのではなく、主体的に取り組むようにしてください。ぼく自身、友だちと遊ぶときは、自分たちでルールを考えたり、新しい遊び方を考えたりしていました。

Q 職場体験では どんな印象をもちましたか？

お金をかせぐのは、こんなに大変なことなのかと、実感したのを覚えています。お店に来てくれたお客さんに自然と感謝の気持ちがわき、お金のありがたみもわかりました。

また、売店で商品を渡して、お客さんから「ありがとう」と言われたときのうれしさは、今でも忘れられません。お金を受け取りながら、責任をもって仕事をしないといけないなと感じました。このときの気持ちは、今の仕事においても、自分のベースになっているように感じます。

この先もずっとおいしい農作物を消費者へ届けるためにぼくが最先端技術で支えます

－ 今できること －

ふだんの暮らし

スマート農業の技術開発は、生産者がかかえる問題を理解することから始まります。友だちの話をよく聞き、もし困っている人がいたら、何に悩んでいるか理解してあげられるようになりましょう。

また、園芸店などで、野菜の種や栽培キットなどを買い、育ててみるのもよいでしょう。水やりに気を配ったり、虫がつかないように注意したりすることで、生産者の苦労が少しわかるようになるはずです。そして、どうすればより生産性が上がるか、自分なりに考えてみましょう。

国語
生産者と直接会い、生産方法や改善点を話し合うことが多い仕事です。相手の意図をくみ取る読解力や、自分の意見を正確に伝えられる表現力をつけましょう。

社会
物流の仕組みや、農業と経済の関係について学びましょう。また、生産者と消費者、それぞれの視点から見たものの価値を理解し、値段の決まり方を知りましょう。

理科
農業は、生物、化学、気象など理科で学習する多くの分野が関わります。とくに植物の観察を通して葉、茎、根の基本的な特徴を知り、成長過程を学びましょう。

英語
スマート農業の技術は、海外でも必要とされています。会話とリスニングを中心に勉強しましょう。

VR動画サービス
プロジェクトマネージャー

VR Contents Service Project Manager

360Channel
澤木一晃さん
入社6年目 29歳

360度に世界が広がる
VR動画コンテンツを
多くの人に観てもらえる
未来をつくります

VRという仮想現実の世界は、専用のゴーグルをのぞくだけで、私たちをさまざまな場所に連れて行ってくれます。観光地の風景や音楽ライブをVR動画で配信する360Channelのプロジェクトマネージャー、澤木一晃さんにお話を聞きました。

Q VR動画サービスの プロジェクトマネージャーとは どんな仕事ですか？

　VRは、英語の「バーチャルリアリティ」を略した言葉で、日本語では「仮想現実」と呼ばれます。360度撮影できる専用のカメラで撮られた動画を「VRゴーグル」と呼ばれる専用の機器を利用して、VRゴーグルのなかに取りつけられた画面を観ると、まるで実物を見ているかのような映像が広がります。

　ぼくが働いている360Channelは、こうしたVR動画のコンテンツ（番組）をつくって配信する会社です。人気コンテンツには、飛行機の機体内部が見学できる「機体工場見学」や、音楽ライブを体感できる「VRライブ」などがあります。ぼくの仕事は、これらのコンテンツをさまざまな人に楽しんでもらうために、配信する環境を整えることです。例えば、360ChannelのWEBサイトで配信する場合は、ゲーム、音楽、スポーツなど、分野ごとに分けて探しやすくし、見たいコンテンツにすぐたどりつけるようにつくります。このほか、イベントを企画して、訪れた人にVRの世界を体感してもらうサービスを行うこともあります。

　仕事は、コンテンツごとにプロジェクト（計画）を立て、チームを組んで行います。チームにはプログラミングを行うエンジニアや、デザインを行うデザイナーなど、10～15人のメンバーがいます。ぼくはプロジェクトマネージャーとしてチームをまとめ、仕事の進み具合全体の管理もしています。

　また、コンテンツをどのくらいの人に観てもらえれば、利益が出るかを計算するのも、ぼくの仕事です。そのほか、イベントを行うときは、コンテンツ内容に合わせた企画を考え、協力してくれる会社も探します。これらすべてに責任をもち、チームのメンバーに指示を出しながら、プロジェクトを進めていくのがぼくの役割なのです。

VR動画を観るときはVRゴーグルを装着。手に持っているのは専用のコントローラー。

Q どんなところが やりがいなのですか？

　VRの技術は今後ますます発展し、さまざまVR動画が配信されていくはずです。その先がけとして、この仕事に関われていることは誇りであり、やりがいです。

　また、ぼくの立てたプロジェクトによって仕事の進む方向が決まり、チームのメンバーが動いてくれているのだと思うと、大きな責任を感じます。しかし、責任が大きければ大きいほど、計画通りにたくさんの人に観てもらうことができたときの喜びは大きくなります。その感動をメンバーといっしょに分かち合えるのも、やりがいになっています。

VRゴーグルをつけると、360Channelで配信中のVR動画のコンテンツが、自分を取り囲むように現れる。

Q 仕事をする上で、大事に していることは何ですか？

　自分の仕事だけでなく、チームのメンバーに頼んだ仕事に関しても、「自分の仕事」という意識をもつことです。

　ぼくはプロジェクトマネージャーとして、社内のエンジニアやデザイナーをまとめるほか、ほかの会社の制作スタッフにも協力を求めて仕事をしています。イベントを開催するときなど、多いときには40人以上を率いることになります。ぼくは、彼らが自分の技術を十分に活かせるように、信頼して仕事をまかせています。しかし、彼らの仕事は、ぼく自身の仕事でもあることを忘れないことも大切です。例えば、あるメンバーにお願いした仕事が期限までに終わらなかったとします。このとき、そのメンバーを責めるのではなく、仕事の進み具合を把握していなかった自分のせいだと考えます。プロジェクトに関するすべての責任を負うのが、チームを率いるぼくの仕事だと思うからです。

Q なぜこの仕事を目指したのですか？

　もともと、大手企業の研究員になって、ものづくりがしたいと思ってました。そのため、大学院に進んで生物化学の研究をしていました。しかし、就職活動中に、あこがれていた企業の経営状況が悪化したことを伝えるニュースが話題となりました。これを観たぼくは、大手企業だから安心という考え方は捨てようと考えるようになりました。そして、働くなら将来、発展が見こまれるICT業界の、自分の意見が通りやすい企業で働きたいと思うようになりました。

　そんなとき、VRゲームの開発に研究的に取り組んでいた「コロプラ」を知りました。最先端の技術に挑戦する姿勢と、若いころから責任ある仕事ができそうな会社の雰囲気にひかれ、ぼくは入社を決めました。入社後はすぐ、コロプラのなかで立ち上げられたばかりの360Channelに加わることになり、VRにもさらに深く関わることになりました。

Q 今までにどんな仕事をしましたか？

　入社して最初の2か月間は、仕事の基礎や、社会人としてのマナーを身につけるための研修を受けました。

　初めてたずさわった仕事が、新しいVRコミュニケーションシステムを開発するプロジェクトです。ぼくはプロジェクトマネージャーに抜擢され、さまざまな企業との商談などを行いました。また、システムをつくる上でどうしても必要な技術を提供してもらうため、ひとりでルーマニアへ出張し、現地の会社と交渉してくることもまかされました。入社して間もない上に、仕事の交渉を行えるほど英語力に自信があるわけではなかったので、事前に辞書を引きながらメールやビデオ通話による打ち合わせを重ねておきました。そのかいあって現地では最後の確認だけですませることができ、無事に交渉も成立しました。

　このように、入ってからわずかな期間でさまざまな仕事をまかされ結果を出せたことは、大きな自信になりました。

澤木さんのある1日（在宅勤務の日）

- 09:00 朝の勉強。世界情勢や経済など、インターネットやニュースなどから情報を得て、知識を増やす
- 10:00 仕事開始。メールのチェックをする
- 11:00 ビデオ通話機能を使ったパソコンによるオンライン会議　イベントの協力会社と配信するVR動画について話し合う
- 13:00 ランチ
- 14:00 WEBサイト内でコンテンツをどう見せるか考えて資料にまとめる
- 16:00 オンライン会議。プロジェクトの進み具合をメンバーと確認する
- 17:00 別コンテンツの配信方法を練り、プロジェクトの企画書を作成
- 20:00 仕事終了

ルーマニア出張では、契約先との親交を深めるため、社長に言われて、会社のマスコットキャラクターの大きなぬいぐるみを持参。「契約先には喜ばれましたが、空港では不審がられて大変だったんですよ」と笑う。

VRゴーグルと専用コントローラー

PICKUP ITEM

VRゴーグルと専用コントローラーは、さまざまな種類が販売されているため、各種そろえて特徴を把握。新しいものが出たらすぐに試すようにしている。

Q 仕事をする上で、難しいと感じる部分はどこですか?

　世の中の人の多くが、まだVRゴーグルを持っていないなかで、たくさんの人に観てもらえるような方法を考えるのはとても難しいです。

　また、時代はつねに変化していて、人の興味や関心事もすぐに変わります。過去にうまくいった方法が、またうまくいくとは限りません。時代の流れにのった配信をしていくためにも、流行をとらえる力をもっとみがいていかなければいけないと感じます。

会社には、外をながめながら仕事をできるスペースも。自由な雰囲気のなかで、よい発想が生まれる。

チームのメンバーと打ち合わせ。リラックスして話すことで、意見を言いやすい雰囲気をつくる。

Q ふだんの生活で気をつけていることはありますか?

　いろいろな企業の社長のSNSをチェックしたり、政治や経済など、さまざまなニュースを観たりして、情報収集を欠かさないようにしています。世の中の動きを知ることで、VRの未来や、今後どんなサービスが必要とされているのかなどを考えることができるからです。

　また、だれに対しても敬意をはらって接することを忘れないようにしています。人として当たり前のことができなければ、よい仕事もできないと思っています。

Q これからどんな仕事をしていきたいですか?

　2019年末より流行した新型コロナウイルス感染症の影響で、人がたくさん集まるようなイベントは次々と中止になりました。これはとても残念なことでしたが、VRにとってはチャンスかもしれないと感じました。例えば、VRでイベント会場をつくり出し、参加者が各自インターネットをつないで、なかに入れる仕組みをつくれば、大規模なイベントも開くことが可能だからです。ぼくは、こうしたチャンスをつかみとり、360Channelを大きな企業にする原動力にしたいと思っています。

　また、ぼくの大きな目標は、だれもが知る企業の社長になることです。社長になるまでの過程で得られる経験や、その地位にいるからこそ感じるであろう使命感を、体感してみたいのです。

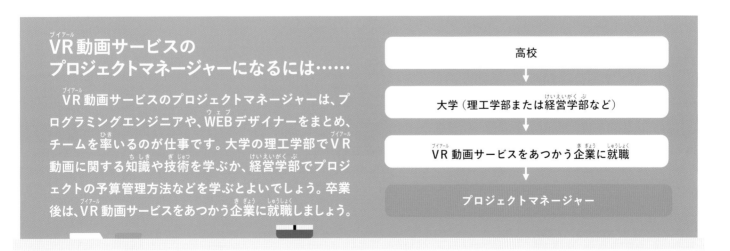

VR動画サービスのプロジェクトマネージャーになるには……

　VR動画サービスのプロジェクトマネージャーは、プログラミングエンジニアや、WEBデザイナーをまとめ、チームを率いるのが仕事です。大学の理工学部でVR動画に関する知識や技術を学ぶか、経営学部でプロジェクトの予算管理方法などを学ぶとよいでしょう。卒業後は、VR動画サービスをあつかう企業に就職しましょう。

高校
↓
大学(理工学部または経営学部など)
↓
VR動画サービスをあつかう企業に就職
↓
プロジェクトマネージャー

Q この仕事をするには どんな力が必要ですか?

プロジェクトを率いる立場として、人の失敗も、自分の失敗だと思える責任感が必要です。また、VRという新しい技術をあつかう仕事なので、新しい情報を追い続けることができ、変化を楽しむことができる力も必要だと思います。

そのほか、相手の気持ちを思いやる心がなければ、チームをまとめることはできません。やってくれて当然ではなく、ここまでやってくれてありがとうという気持ちを忘れないことです。「この人といっしょに仕事をしたい」と思ってもらえるような人間性が必要だと感じます。

澤木さんの夢ルート

小学校 ▶ サッカー選手

サッカーがとにかく好きだった。

▼

中学校 ▶ 検察官

ドラマ『HERO』を観て
自分も悪を正す検察官になりたいと思った。

▼

高校 ▶ 研究開発の仕事

文系が苦手なことがわかり、検察官の道は断念。
得意な理系で、研究開発に
たずさわりたいと思うようになる。

▼

大学 ▶ 医療機器メーカーの研究職

生物化学と薬学を専攻したことで
医療に関わる仕事に興味をもった。

▼

大学院 ▶ ICTをあつかう企業

将来の発展が見こまれる業界で
働きたいと思うように。

Q 中学生のとき どんな子どもでしたか?

とにかく負けずぎらいな性格でした。学校のテスト、部活の試合、運動会、駅伝、体力テストにいたるまで、競争ごとがあれば、勝つために全力で努力していました。

例えば勉強は、テスト期間の3週間前から、平日は学校から帰ってきてから4時間、土曜と日曜はそれぞれ10時間くらい勉強していました。そのため、成績は、中学3年間つねにオール5でした。全教科ともテスト範囲は、教科書をほとんど暗記していて、英語に関しては、カンマやピリオドの位置まで、すべて覚えていたくらいです。問題集もくりかえしやっていたので、問題文まで記憶していました。そのおかげで、5教科で最高495点をとったこともあります。

部活はサッカー部に入っていて、市内大会では、主将をつとめた中学2年生と3年生の両方で優勝しました。また、体力テストでは、短距離で陸上部の選手より速いタイムを出せたのがうれしかったのを覚えています。

そのほか、中学1年生の後期から中学3年生の前期まで生徒会に入っていて、最後の任期では副会長をつとめていました。生徒会長になりたい気持ちもありましたが、幼なじみが、会長をやりたいと言うのでゆずりました。負けずぎらいといっても、やっぱり友だちの方が大切だったんです。

短距離が得意で、中学3年生のときの体力テストでは、50m走で6.7秒の好タイムを記録した。

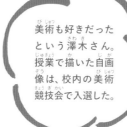

美術も好きだったという澤木さん。授業で描いた自画像は、校内の美術競技会で入選した。

ぼくの学校では、中学2年生のときに、2日間の職場見学がありました。6人くらいの班に分かれ、見学先の候補のなかから行きたいところを選びました。ぼくの班は、自動車の部品会社の工場を選び、なかを案内してもらいました。

また、見学の後には、インタビューの時間もありました。部品の検品や機械の操作をしている社員に、今の仕事を選んだ理由、仕事のやりがい、何の作業がいちばん楽しいかなどを聞いたような記憶があります。

Q 職場見学では
どんな印象をもちましたか？

正直なところ、働いている人の話を聞いても、仕事をする感覚や意義がまったく想像できませんでした。見学した仕事が、自動車の部品だけをつくっている工場だったので、つくった部品がその後、どう使われて自動車になるのかイメージしづらかったからかもしれません。

しかし、世の中の大人たちは、毎日、朝早くから夜遅くまで働き、その対価として、お金を得ているのだということに気がつきました。そして、大人になると大変そうだな、という気持ちになりましたね。

Q この仕事を目指すなら
今、何をすればいいですか？

世間で流行しているものは、何でも経験してみることです。そして、なぜそれが人気なのか、理由を考えるくせをつけるとよいと思います。また、VRがどんなものなのか、チャンスがあれば体験してみてください。

そのほか、仕事の選択肢を広げるために、きちんと勉強しておくことも大切です。もし勉強がどうしてもいやなら、自分の得意なことや好きなものを徹底的に極め、だれにも負けないレベルを目指すことです。どちらの道を選んでも、努力をおしまず、今がんばっておくことが、将来の助けになることを忘れないでほしいです。

テレビ番組を観るように
VR動画のコンテンツを
観るのが当たり前の時代を
ぼくがつくり出したい

－ 今できること －

ふだんの
暮らし

VR技術の発展はめざましく、私たちの身のまわりでも活用されている場面が増えてきています。例えば美術館や博物館などではVR体験ができる企画展が開催されることもめずらしくありません。VR体験ができるイベントなどがあれば、出かけてみるとよいでしょう。また、プロジェクトマネージャーには、チームをまとめるための高いコミュニケーション能力が求められます。学級委員や部活の部長などの経験を通して、チームやクラスメイトとの信頼関係を築きましょう。

 数学 プロジェクトマネージャーには、予算管理をするための計算力が必要です。また数学を解くときの論理的な思考力はプロジェクトを進める上で欠かせない力です。

 理科 VR技術は、視覚や聴覚などの感覚器官に働きかけます。外界から受ける刺激にどのように反応するかを学び、人間の神経や、感覚器官の仕組みを知りましょう。

 技術 パソコンの基本的なあつかい方を覚え、簡単な動画の制作をしてみましょう。また、つくった動画を発表するには、どのような配信方法があるかを考えましょう。

 美術 目的や用途に合わせた表現方法を考えて、デザインを工夫する力を養いましょう。

サイバーセキュリティ エンジニア

Cyber Security Engineer

トレンドマイクロ
北野佑太さん
入社8年目 29歳

サイバー攻撃から
企業や官公庁を守り
対応策を考えます

あらゆる職場で、インターネットにつながったパソコンやタブレットが使われています。そのためパソコンのなかにある情報をどうやって守るかがとても重要です。サイバーセキュリティエンジニアとして働く、北野佑太さんにお話をうかがいました。

Q サイバーセキュリティエンジニアとはどんな仕事ですか？

インターネットやコンピューターに保存されている大切な情報が外部にもれるのを防ぐため、対策を考えてシステムをつくり、活用していく仕事です。

今は、スマートフォンをはじめ、家電や車など、さまざまなものがインターネットに接続している時代です。これは、便利な一方で、サイバー攻撃の被害にあう危険にもつねにさらされることになります。サイバー攻撃とは、インターネットを通じて他人のコンピューターに侵入し、悪さをすることです。例えば、クレジットカード番号などの個人情報をぬすんだり、ウイルスに感染させてコンピューターをのっとったり、こわしたりします。こうした脅威から情報を守ることをサイバーセキュリティといいます。

トレンドマイクロでは、コンピューターウイルスを撃退する「ウイルスバスタークラウド」をはじめとしたセキュリティ対策ソフト※の開発、販売と、サポートを行っています。そのなかで、ぼくは、国の機関や地方の役所といった官公庁と、企業のセキュリティ対策をサポートする仕事をしています。

セキュリティを強化するには、コンピューターへの不正な侵入やウイルスを自動で発見してくれるシステムを導入することと、パスワード管理の意識が大切です。そのため、ぼくはお客さんの仕事内容や働き方に合ったソフトを提案したり、お客さんが利用しているソフトの、よりよい使い方を提案したりしています。そして、お客さんがサイバー攻撃を受けていることがわかったらすぐにかけつけ、解決に向けた対策や再発防止のための分析をします。

ぼくが直接話をするのは、官公庁や企業の情報セキュリティ部門の方々ですが、だれもがサイバーセキュリティにくわしいわけではありません。そのため、サイバー攻撃から身を守るための勉強会を月に2、3回行って、被害が発生しないような環境づくりにも力を入れています。

企業に合ったセキュリティ対策を考えているところ。

Q どんなところがやりがいなのですか？

官公庁のセキュリティを支援することで、国や地方の情報が守られ、国民に貢献していると思えるところです。

官公庁は、戸籍や年金、税金など、国民の大切な情報を管理しています。これらが外部にもれると、国は信用を失い、国民に大変な不安と混乱をあたえてしまいます。また、官公庁には、一般には公表していないさまざまな機密情報がたくさんあるので、責任も重大です。

ほかには、サイバー攻撃にあったお客さんのコンピューターなどを復旧させて問題を解決し、感謝の言葉をいただいたときはうれしくなります。世の中の役に立っていることを実感でき、充実感もありますね。

営業担当と打ち合わせ。ソフトの購入契約などは、営業担当が行うため、お客さんにどんな提案をするか、事前に共有しておく。

北野さんのある1日

09:00	出社。メールやニュースをチェックしスケジュールを確認する
09:30	お客さんへの提案書の作成
10:30	営業担当者といっしょに新しいお客さんのところへ行き、セキュリティ対策について提案する
12:00	ランチ
13:00	サイバー攻撃を受けたお客さんの会社へ行き、データ解析を行う
16:00	チームミーティング 同じ部署の仲間と情報を共有する
17:30	メールをチェックし、退社

用語　※ ソフト ⇒ソフトウェアの略。コンピューターに特定の動作をさせるための指示が書きこまれたプログラム（命令）のこと。

Q 仕事をする上で、大事にしていることは何ですか？

「いそがしい」という言葉を使わないようにしています。「今いそがしいから」と言われたら、相手はいやな気分になると思いますし、仕事を頼みづらい人と思われて、せっかくのチャンスを失ってしまうかもしれないからです。

また「いそがしい」と言うと、よけいに疲れる気がするんです。だから、どんなにいそがしくても「余裕がある」と自分に暗示をかけ、楽しんで仕事をするように心がけています。

急な対応にせまられることが多いため、スケジュールに余裕をもつことも心がけているという。

Q なぜこの仕事を目指したのですか？

中学生になって、パソコンを使っているうちに、自分には技術的な分野が合っているなと思いました。世の中のために何かしたいという気持ちもあったので、技術で人や社会を支えるエンジニアを目指すようになりました。

サイバーセキュリティエンジニアの道を選んだのは、今後は、セキュリティ対策が社会に欠かせない仕事になると思ったからです。パソコンやスマートフォンはもちろん、冷蔵庫や洗濯機、家の鍵、照明などのIoT※端末が増え、サイバー攻撃の対象が増えています。サイバーセキュリティエンジニアとなって、社会を守りたいと思いました。

「サイバーセキュリティ対策を考えることで、IoTの発展にも貢献したいです」と北野さん。

Q 今までにどんな仕事をしましたか？

入社して4年間は、企業向けソフトのサポートを担当しました。お客さんからの問い合わせに答えたり、トラブルに対応したりする仕事です。最初は質問にうまく答えられなくて悩みましたが、いろいろな問題をたくさん解決していくうちに、経験が蓄積され自信がもてるようになりました。

ソフトに不具合があると言われて、お客さんの会社に、週4日間通ったこともあります。そのときは調査をして、じつはソフトとは別の部分が原因だったことを突き止めました。

今は、お客さんのインターネット環境を自動で監視して、攻撃を受けそうなきざしがあった場合に通知をしたり、解析をしたりする仕組みを準備中です。

トレンドマイクロは、年齢に関係なく、経験を積みながらつねに新しいことに挑戦できる会社です。今担当している官公庁の仕事も、自分で「やらせてください」と希望して担当することになりました。自分で考え、動くことができ、サイバーセキュリティエンジニアとして成長できる環境も整っているので、とても働きやすいと感じています。

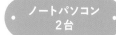

ノートパソコン2台

PICKUP ITEM

ノートパソコンは2台を使用。メールや資料を作成する業務用と、データ分析やウイルス解析などを行う検証用がある。仕事中の水分補給には、たおれてもこぼれにくいドリンクボトルを使う。

ドリンクボトル

用語　※ IoT ⇒「Internet of Things（もののインターネット）」の略。インターネットにつながった「もの」やネットワークを通して「ものどうし」の情報交換ができるようになる仕組みのこと。

Q 仕事をする上で、難しいと感じる部分はどこですか？

いつサイバー攻撃が行われるのか、予測できないところです。お客さんのコンピューターが被害にあったことが明らかになった場合、すぐにお客さんのところへ行き、攻撃者がどうやって入ってきたのか調査や分析をします。そして、対応策を考え、復旧作業をすみやかに行い、お客さんに報告します。しかし、攻撃はいつも突然なので、時間を空けておくことができません。

いつ攻撃が起きても身軽に動けるように、余裕をもって予定を組んでいますが、ぼくひとりの力では難しい仕事です。だから、同じ職場の仲間に頼める仕事は代わってもらうなど、日々助け合っています。

被害にあったパソコンを調べるため、お客さんのところへ向かう北野さん。サイバー攻撃を受けたときは、少しでも早く現場に行って、状況を確かめ、被害の拡大をおさえることが重要となる。

Q ふだんの生活で気をつけていることはありますか？

ICT に関するニュースには、つねに意識を向けています。サイバー攻撃者は、さまざまな攻撃をしかけてきます。しかも、攻撃者は世界中にいて、つかまえることは簡単ではありません。フィッシング詐欺※など、昔からよく行われてきた単純な方法だけでなく、より気づかれにくい、最新の高度な技術を使った攻撃も増えています。そのため、つねに新しい知識を取り入れることが大切なのです。必要なときに必要な知識をすぐに使えるように、ふだんから準備を欠かさないようにしています。

Q これからどんな仕事をしていきたいですか？

これまで見てきたサイバー攻撃と対処方法の経験を活かして、より多くのお客さんに、セキュリティ対策の知識を伝えていきたいです。

また、IoT 化が進むと、さまざまなものがインターネット上でつながるようになります。すると、間接的な被害者も出てきます。例えば、ビデオ通話やテレビ会議で使うWEBカメラがウイルスに感染すると、話の内容がぬすまれたり、映像が世界中に流されてしまったりするかもしれません。そうなると、そのWEBカメラを販売した会社は、間接的に悪事に加担したことになってしまいます。

お客さんを「加害者」にしないためにも、日々勉強し、会社や個人向けに必要なセキュリティ対策を提案していくつもりです。

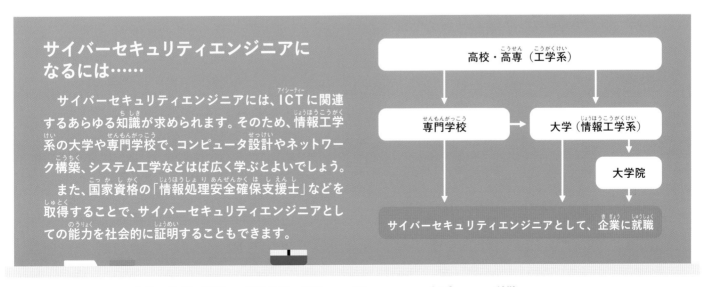

サイバーセキュリティエンジニアになるには……

サイバーセキュリティエンジニアには、ICT に関連するあらゆる知識が求められます。そのため、情報工学系の大学や専門学校で、コンピュータ設計やネットワーク構築、システム工学などはば広く学ぶとよいでしょう。

また、国家資格の「情報処理安全確保支援士」などを取得することで、サイバーセキュリティエンジニアとしての能力を社会的に証明することもできます。

```
高校・高専（工学系）
   ↓              ↓
専門学校  →  大学（情報工学系）
                    ↓
                 大学院
   ↓         ↓      ↓
サイバーセキュリティエンジニアとして、企業に就職
```

用 語　※ フィッシング詐欺 ⇒ 実際に存在する金融機関や企業などを装って、にせの WEB サイトに誘導し、クレジットカードの番号などの個人情報を入力させてだまし取るネット詐欺のひとつ。

**この仕事をするには
どんな力が必要ですか？**

固定観念にとらわれない考え方です。サイバー攻撃はつねに進化し、手口もわかりにくくなっています。初めての手口に対応する方法は、だれも答えを知りません。そのため、今起こっている状況を、過去の経験に照らし合わせながら、自分なりの答えを導き出していく力が求められます。

「できるわけがない」と思うようなことを、自分のアイデアで切り抜けたときの達成感は、とても大きいものです。想定していない状況や、困難な状況も楽しむことができる人は向いていると思います。

また、サイバーセキュリティは海外の方が技術は進んでいるため、情報もととなる資料の多くは英語で書かれています。仕事をする上で、英語力はどうしても必要なので、勉強して身につけておくとよいと思います。

北野さんの夢ルート

小学校 ▶ エンジニア

ものをつくるのが好きで、
人の役に立つロボットをつくりたいと思った。

▼

中学校 ▶ ICT エンジニア

ICTやAIを活用したものづくりで
世の中に貢献したいと考えるようになった。

▼

高校 ▶ アプリ開発者

スマートフォンが社会に広まり
さまざまなアプリがつくられるのを見て
アプリ開発で社会貢献しようと考えた。

▼

大学 ▶ エンジニア

電気や通信事業などのインフラ※事業を通じて
より広く社会に貢献したいと思うように。

Q **中学生のとき
どんな子どもでしたか？**

ぼくは、硬式テニス部に所属し、練習に明け暮れる毎日でした。でも、ライバル校の生徒は、みんな小学生のころからテニススクールに通っているような経験者ばかりで、試合ではいつも負けていました。それでも、仲間とはげまし合いながら努力したことは、よい思い出です。

休みの日には父や祖父と登山に挑戦し、日本で標高が高い上位5つの山をすべて制覇しました。山に登ることはとても大変ですが、3000m級の山の頂上にたどり着いたときの達成感は、今でも忘れられません。

パソコンをさわる機会が増えたのも中学生のころからです。帰宅後、復習をかねて授業のノートをパソコンで見やすく整理することで、楽しんで勉強していましたね。

また、中学2年生のとき、タイに留学した友だちと、ビデオ通話を初めてしました。パソコンひとつで世界中の人と無料でつながれることに、おどろいたのを覚えています。そして、将来はどんなことができるようになるのだろうと、技術発展の可能性に興味をもちました。

部活は、中学校ではめずらしい硬式テニス部を選択。「市内ではほかに2校しかなくてライバルは少ないのに、うちの部はいつも負けていましたね」

Q **中学のときの職場体験は、
どこに行きましたか？**

「トライやる・ウィーク」という名前で、中学2年生のときに職場体験を行いました。

体験先には飲食店や図書館、保育所、福祉施設などがあり、ぼくは、図書館を選びました。小学生のころからよく通っていて、なじみ深かったからです。

図書館へは友だちとふたりで行きました。返却された本をもとの位置にもどしたり、バーコードをはったり、書庫で本の整理をしたりする作業を手伝いました。

　用語　※ インフラ ⇒ インフラストラクチャーの略。道路、鉄道、電気、上下水道など生活や経済の基盤となる設備や施設のこと。

職場体験先の図書館で、受付の仕事も経験。右が北野さん。

Q この仕事を目指すなら今、何をすればいいですか？

物事の仕組みを考えるくせをつけておくとよいと思います。例えば、ボタンを押したら電気がつくのはどうしてだろうというように、考えて調べてみましょう。

また、プログラミングを体験できる教室に足を運ぶのもおすすめです。プログラミングがわかると、いつも使っているスマートフォンのアプリがどういう仕組みで動いているのか、理解できるようになってくると思います。

攻撃を受けたアプリの仕組みや攻撃をしたウイルスの仕組みなど、何でも仕組みを理解することが、サイバーセキュリティエンジニアの仕事に近づく一歩となるはずです。

Q 職場体験ではどんな印象をもちましたか？

図書館員さんたちは、利用者が快適に図書館を使えるように、裏でさまざまな仕事をしていました。利用者がどんな種類の本に興味をもつのか分析したり、本を探しやすくするために、置く場所を考えていたりなどです。

本は何冊も積んで持つととても重くて、整理したり運んだりするのは、想像以上に大変です。でもみなさん、楽しそうに仕事をしていて、ぼくたちのことも気にかけてくれました。その姿に、純粋にすごいなと感じました。

また、ふだん何気なく利用していた図書館ですが、職場体験をしたことで、裏側で行われる作業の大切さを知ることができました。それ以降、お店などに行くと、この商品を届けるために、たくさんの人が見えないところでがんばっているのだと思うようになりました。

インターネットでつながる便利な世の中を守るためにサイバーセキュリティエンジニアが必要なんです

－ 今できること －

ふだんの暮らし

まずはふだんからパソコンにふれ、いろいろな機能を知って使いこなせるようになることが大切です。その上で、パソコンが動く仕組みや、インターネット、アプリなどの仕組みを理解していくとよいでしょう。

また、生活のなかで「あったら便利だな」と思うものを探し、授業で習うプログラミング技術を使って、制作に挑戦してみましょう。もっている知識のなかでできることを考えると、工夫する力がつくとともに、次にどんなことを学べばよいかが明確になるはずです。

 国語 サイバー攻撃に対処するときは、お客さんの話や手もとにある資料から状況を理解した上で作業にあたります。情報を整理して理解し、考える力をつけましょう。

 数学 サイバー攻撃を受けたパソコンの分析には、数式が書かれたプログラムの解読が必要です。基礎的な計算力や、データから数値を読む力を身につけましょう。

 技術 コンピューターの構造と情報処理の仕組みを知り、簡単なプログラムの作成と発信ができるようになりましょう。また、情報保護の必要性についても学びましょう。

 英語 ICT技術の最新情報は、ほとんどが英語で発信されます。読解力を中心に、英語の習得は必須です。

仕事のつながりがわかる
ICTの仕事 関連マップ

ここまで紹介したICTの仕事が、
それぞれどう関連しているのか、見てみましょう。

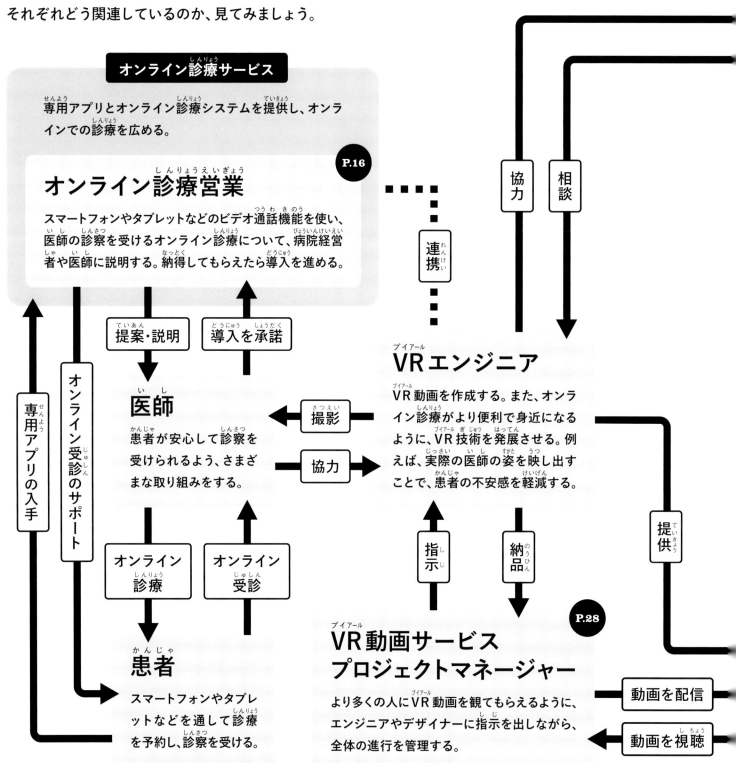

オンライン診療サービス

専用アプリとオンライン診療システムを提供し、オンラインでの診療を広める。

オンライン診療営業 P.16

スマートフォンやタブレットなどのビデオ通話機能を使い、医師の診察を受けるオンライン診療について、病院経営者や医師に説明する。納得してもらえたら導入を進める。

提案・説明

導入を承諾

協力

相談

連携

VRエンジニア

VR動画を作成する。また、オンライン診療がより便利で身近になるように、VR技術を発展させる。例えば、実際の医師の姿を映し出すことで、患者の不安感を軽減する。

撮影

協力

医師

患者が安心して診察を受けられるよう、さまざまな取り組みをする。

専用アプリの入手

オンライン受診のサポート

オンライン診療

オンライン受診

指示

納品

提供

患者

スマートフォンやタブレットなどを通して診療を予約し、診察を受ける。

VR動画サービス プロジェクトマネージャー P.28

より多くの人にVR動画を観てもらえるように、エンジニアやデザイナーに指示を出しながら、全体の進行を管理する。

動画を配信

動画を視聴

※このページの内容は一例です。会社によって、仕事の分担や、役職名は大きく異なります。

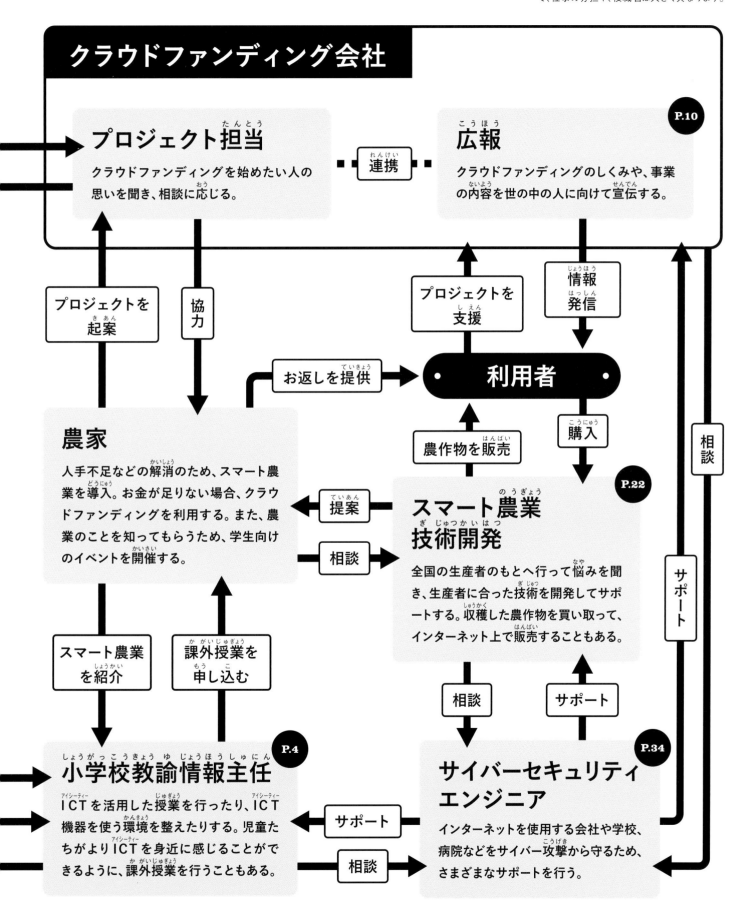

クラウドファンディング会社

プロジェクト担当
クラウドファンディングを始めたい人の思いを聞き、相談に応じる。

連携

広報
クラウドファンディングのしくみや、事業の内容を世の中の人に向けて宣伝する。

P.10

プロジェクトを起案

協力

お返しを提供

プロジェクトを支援

情報発信

利用者

農家
人手不足などの解消のため、スマート農業を導入。お金が足りない場合、クラウドファンディングを利用する。また、農業のことを知ってもらうため、学生向けのイベントを開催する。

提案

相談

農作物を販売

購入

P.22

スマート農業技術開発
全国の生産者のもとへ行って悩みを聞き、生産者に合った技術を開発してサポートする。収穫した農作物を買い取って、インターネット上で販売することもある。

スマート農業を紹介

課外授業を申し込む

相談

サポート

相談

サポート

P.4
小学校教諭情報主任
ICTを活用した授業を行ったり、ICT機器を使う環境を整えたりする。児童たちがよりICTを身近に感じることができるように、課外授業を行うこともある。

サポート

相談

P.34
サイバーセキュリティエンジニア
インターネットを使用する会社や学校、病院などをサイバー攻撃から守るため、さまざまなサポートを行う。

相談

サポート

ICTが教育を変える、日本を変える

▶ GIGAスクール構想

世界の学校では、すでにパソコンやタブレットを導入したICTの授業がとても発達しています。一方、日本の学校では、まだまだデジタル機器の利用は進んでいません。2018年の国際調査「PISA2018」をもとに国立教育政策研究所が作成した資料によると、日本は授業におけるデジタル機器の利用時間が短く、OECD（経済協力開発機構）加盟国のなかで最下位でした。他国と比べてチャットやゲームの利用頻度は非常に高いものの、パソコンやタブレットを学習に使っている人は少ないようです。

危機感をもった文部科学省は、ひとり1台の学習者用コンピューターや高速ネットワーク環境などを整備する「GIGAスクール構想」の計画を打ち出しました。実現すれば、児童生徒がインターネット上のさまざまな情報を検索して選び取る力や、パソコンやタブレットを使って集めた情報を発信する力を育成できると考えられています。

また、先生たちも「教える人」から「子どもの学びを喚起する人」への役割の転換が必要です。そのために大事なキーワードのひとつが「個別最適な学び」です。

これは、ひとりひとりの個性や理解度、発達状況に合わせて、児童生徒が公正に学べるようになるということです。例えば、AI（人工知能）を使い、学びの進み具合に合わせて、難易度のちがう問題をタブレットに表示することが可能です。ほかにも、理由があって学校に通えない子にオンライン授業を提供したり、特別支援学級の子に、よりきめ細やかな学習内容を提供したりすることも可能になっていくでしょう。

この本に登場するICT教育を推進する小学校教諭情報主任は「ICTはあくまで手段であって、操作ができるようになることがおもな目的ではありません」と語っています。彼はパソコンやタブレットの使い方を教えるだけでなく、子どもたちに何を便利にしたいのか、そのためにはどんなICTの技術が必要なのかを意識させ、よりよい社会をつくる力を身につけていってほしいそうです。

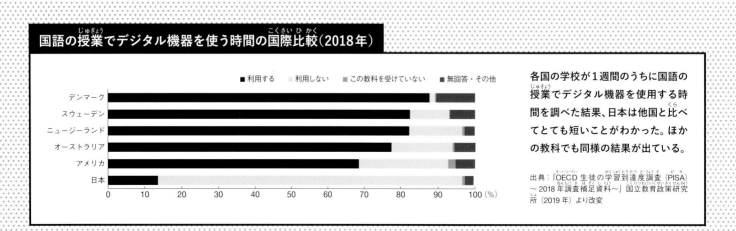

国語の授業でデジタル機器を使う時間の国際比較（2018年）

■ 利用する　■ 利用しない　■ この教科を受けていない　■ 無回答・その他

デンマーク
スウェーデン
ニュージーランド
オーストラリア
アメリカ
日本

0　10　20　30　40　50　60　70　80　90　100（%）

各国の学校が1週間のうちに国語の授業でデジタル機器を使用する時間を調べた結果、日本は他国と比べてとても短いことがわかった。ほかの教科でも同様の結果が出ている。

出典：『OECD生徒の学習到達度調査（PISA）〜2018年調査補足資料〜』国立教育政策研究所（2019年）より改変

学校生活を記録し「気づき」を可視化する校務支援アプリ「スクールライフノート」。ICT教育の広まりにより、全国の学校で多数の活用事例がある。特徴のひとつに、子どもたちが「心の天気」として今の気持ちを天気のマークで表す機能があり、教師は言葉にできない子どもたちの心情を把握することができる。

▶ Society5.0の実現を目指して

ICT教育と関連性の高い言葉に「Society5.0」があります。Society5.0とは、インターネット上ですべての人とものがつながり、さまざまな知識や情報が共有される社会を指すもので、日本が目指すべき未来の姿として提唱されました。AIやロボット、ビッグデータ、ドローンなどの技術を活用することで、少子高齢化や地方の過疎化、格差社会などの課題が克服されると考えられています。

また、社会や産業に新たな価値をもたらすことも期待されています。例えば、この本に出てくるクラウドファンディングや、オンライン診療、スマート農業、VR動画配信サービスなども、以前にはない仕事でした。

スマート農業の技術開発をしている男性は「日本、そして世界の農業発展に貢献したい」という思いで現在の会社に入社を決め、AIやロボット、ドローンを使った農業の技術を開発しています。また、オンライン診療の仕事をしている女性は、「AIの技術を使えば、その患者さんに最適な食事のメニューや運動方法を割り出すこともできます。また、VR技術を使えば、よりリアルな診察の実現も可能だと思います」と語り、オンライン診療の技術で、病気の人や高齢者の健康につながる事業を考えています。

発展を続けるICTの分野ですが、キャリア教育の視点でいうと、人々のためになりたい、人々の暮らしを向上させたいという意識をもつことが大切です。

Society5.0の前段階であるSociety4.0（情報社会）では、個々の能力などに応じて、暮らしに格差が生じているという問題点がありました。これに対し、Society5.0が目指すのは、今まで人間が行っていた煩雑な作業をAIやロボットが代行することで、だれもが快適で質の高い生活を送ることができる人間中心の社会です。

ICTの技術を将来の仕事として目指す人は、ICTの知識がなくても便利な暮らしができるようにするためにはどうすればよいか、考えてみてはいかがでしょうか。

PROFILE
玉置 崇
（たまおき たかし）

岐阜聖徳学園大学教育学部教授。
愛知県小牧市の小学校を皮切りに、愛知教育大学附属名古屋中学校や小牧市立小牧中学校管理職、愛知県教育委員会海部教育事務所所長、小牧中学校校長などを経て、2015年4月から現職。数学の授業名人として知られる一方、ICT活用の分野でも手腕を発揮し、小牧市の情報環境を整備するとともに、教育システムの開発にも関わる。文部科学省「校務におけるICT活用促進事業」事業検討委員会座長をつとめる。

さくいん

【取材協力】

国立大学法人千葉大学教育学部附属小学校　https://www.el.chiba-u.jp/
株式会社CAMPFIRE　https://camp-fire.jp/
MRT株式会社　https://medrt.co.jp/
株式会社オプティム　https://www.optim.co.jp/
株式会社360Channel　https://partners.360ch.tv/
トレンドマイクロ株式会社　https://www.trendmicro.com

【写真協力】

MRT株式会社　p17
株式会社オプティム　p23、p24
株式会社360Channel　p29
株式会社EDUCOM　p43

【解説】

玉置 崇（岐阜聖徳学園大学教育学部教授）　p42-43

【装丁・本文デザイン】

アートディレクション／尾原史和（BOOTLEG）
デザイン／加藤 玲・石井恵里菜（BOOTLEG）

【撮影】

平井伸造

【執筆】

小川こころ　p10-33
酒井理恵　p4-9、p34-39、p42-43

【企画・編集】

西塔香絵・渡部のり子（小峰書店）
常松心平・和田全代・熊田和花（オフィス303）

キャリア教育に活きる！
仕事ファイル28
ICTの仕事

2021年4月3日　第1刷発行
2023年3月10日　第2刷発行

編　著　小峰書店編集部
発行者　小峰広一郎
発行所　株式会社小峰書店
　　　　〒162-0066東京都新宿区市谷台町4-15
　　　　TEL 03-3357-3521　FAX 03-3357-1027
　　　　https://www.komineshoten.co.jp/
印　刷　株式会社精興社
製　本　株式会社松岳社

©Komineshoten
2021 Printed in Japan
NDC 366　44p　29×23cm
ISBN978-4-338-34101-1

キャリア教育に活きる！ 仕事ファイル

センパイに聞く